JN281021

木は気を植える

植栽作法

ガーデン・テクニカル・シリーズ ⑥

龍居庭園研究所＝編

建築資料研究社

はじめに

『飛石・敷石作法』からスタートした本シリーズも『石積作法』、『蹲踞作法』、『垣根・土塀作法』、『石組作法』と続き、この『植栽作法』で六巻を数える。これらのタイトルからお分かりのように、この六冊でひと通りの庭づくりができるといえなくもない。

作庭とは見方によれば自然界から得る土や石、木といった素材に人間の知恵を絞り、注ぎながら練り上げる創造空間であろう。土は土塀の土にもなり、草木類の生命維持の大きな源でもある。地球のエネルギーと歴史を湛えた石はそのままの形態で石組となり、石の一つ一つは天然のまま、もしくは加工して手水鉢や飛石・敷石などともなる。

さて問題は木である。同じ自然界から得る土や石と大きく異なる点は「生きながらにして」まったく違う土地に「移し、植え、育てる」ことだ。

いわゆる移植だがこの言葉は、現代社会では医学界で行なわれる臓器の生体間移植で用いられることから、特に一般化してきた。だが、元来は作庭界が昔から常用してきた用語だといっていい。つまり木は生命が脈打つ材料である点で石や土とはまったく、性質が異なり、さらには扱い方も根本的に違うのである。このように見ると「木」の存在は実に神秘的ですらある。

同じ木を植えるといっても林業の場合は苗木づくりから始め、長い歳月を要しながら育てあげ、伐採して木材を得ることを最終目的とする。

作庭の世界では伐採が最終目的ではない。そこが大きく違っている。木を植え、育てる行為を生業にする、いわゆる「植木屋さん」という呼称は身近であり、古くから市民権も得ている。

それはまた、木を植える行為が即、庭づくりを意味するほど一般社会に深く根を張っていることを物語っているようだ。

では何を目的にこれまで木を植えてきたのだろう。

「何故、石を組むのか」という石組に対する素朴な疑問と同じく、植栽にも「何故、木を植えるのか」という疑問がつきまとってくる。

石組は石と向き合ったときに生じる心象の変化から始まって空間を構成し、造景へと進む。

これと同じ捉え方であれば、「一本の木と向き合ったときに生じる心象の変化」こそ大事にすべきだと思う。また石は庭の中心的存在として昔から不動・不変の象徴のごとく尊重されてきた。一方、木は石とは対極の関係にあり、歳月の積み重ねや四季の変化によってその姿は変容して止まない。特に日本の温暖で湿潤な気候は草木の生長を著しく早めたがために、樹形を一定に保つ整枝・剪定という海外に誇れる技法を生んだ。

そこで本書では改めて植栽という行為にいま一度スポットを当てるとともに、植栽後のケアの仕方にも重きを置いた。

弧状に伸びた日本列島は北と南では気候・風土も大きく異なるため、大地に根を張る木も土地によって意味づけもケアの仕方も異なっている。

そこで全国各地で活躍中の作庭者に植栽についての質問を試み、寄せられた回答をそのまま紹介した。そこでは現在の人気樹種についてや、それぞれの土地に伝わる整枝・剪定の仕方やそれに伴う道具、伝えられてきた木に関する禁忌、そしてあるいはまた消えかかっている植木用語など幅広い面で回答してもらっている。

いずれにせよ、植栽の重要性を再認識する上で、小著がそのお役に立てれば幸いである。

㈲龍居庭園研究所

豊藏　均

木は気を植える 植栽作法——目次

デザイン＝岩黒永興／写真＝信原 修・豊藏 均

七作家に見る

植栽作法

心癒す緑の力

写真＝信原 修

茂庭 弘作品　藤田邸（岩手県）

大北　望作品
志水邸（兵庫県）❶

人の手で植えたすべての樹木がスクスクと生長する。その自由と悦楽に満ちた営みに人は感動し、自然への畏敬の念を深めていく

大北　望作品
志水邸（兵庫県）❷

風の囁き、土の香、陽の光のゆらめきを暮らしの中で享受し、人と樹木の生命の連帯感を感じることで生きている証が得られる

大北 望作品
志水邸（兵庫県）❸

樹木の永遠に変わらない生命の営みと、変化して止まない表情を眺めると、人の胸にも生命力が湧き出て、力づけられる思いにかられる

森のような庭に暮らす

小泉八尋作品
石黒邸(岐阜県)❶

1本1本の樹木を人が植え付け、育てる。樹木は高く太く生長し、やがて自然味豊かな景に変わる

小泉八尋作品
石黒邸(岐阜県)❷

庭は自然ではない。だが庭は自然を映す鏡であるようだ。
そこに大きな力を出しているのが草木の緑だろう

小泉八尋作品
石黒邸(岐阜県)❸

豊かな樹木の緑は地下水脈の豊かさも連想させ、
筧の水も清潔で美しい姿をしっかり見せている

茂庭　弘作品
高橋邸（岩手県）

東北の山野を想わせる樹木と草本類を豊富に植えた庭は、住宅街とは思えない空気を感じさせる

茂庭　弘作品
刀根邸（岩手県）

マンサク・カマツカ・ヤマボウシ・コバノトネリコなどの樹木は、家にいながら自然の息吹きを感じさせ眺めるだけで心が優しくなる

山林を創り、俗塵を払う

金綱重治作品
石井邸（埼玉県）❶

人里離れた山中に居を構えたような、いわば「山林幽居」の体を成す景を生めるのも樹木の大きな力

金綱重治作品
石井邸（埼玉県）❷
非日常的な空間をいかに創るか、いかに俗塵を払うかに思いをいたすのも茶の庭の一つの命題だろう

金綱重治作品
石井邸（埼玉県）❸
作為をまったく感じさせない技法はこれぞ植栽技術の極みといえ、雑木林に居を構える錯覚さえ覚えさす

金綱重治作品
石井邸（埼玉県）❹

自然そのものの樹形を見せ、既存樹のような馴染み深さを覚えさす
これらの樹木もすべて人の手で植えられたものだ

山口正義作品
林 邸（大分県）

１本１本の木のクセを見極め誠心誠意、心を込め美的感覚を頼りに植える。植栽は人のクセと木のクセの根くらべだ

風雪に負けず育くむ緑

猪股俊雄作品
高橋邸（新潟県）

酷しい風雪にも負けないアカエゾマツ・マンサク・マユミ・ナツハゼなどを植えて雪国の庭に自然味を出す

池田昭平作品
桑山邸（新潟県）

シイ・リョウブ・エンジュ・ヤマボウシが繁茂するようすは庭というより森といったほうが妥当な景観だ

池田昭平作品
山崎邸（新潟県）

リョウブ・ナナカマド・モミジ・シャラが、家屋の密集する商店街の中とは思えない別世界を生み出している自然体植栽の先駆者——

飯田十基・小形研三の植栽論

飯田十基氏(上・1890〜1977)
小形研三氏(下・1912〜1988)

山野に自生するが如く

雑木中心の数寄屋式庭園

飯田十基（明治23年生 昭和52年没）

数寄屋式の庭園というのは、同じ日本庭園でも、石組を本位としたものでなく、樹木を主体として、石組を従としたものである。

昔はよく数寄屋式の庭園をつくるには、アカマツとモミジさえあればといわれたほどであるが、そのアカマツも都会では、だんだんと姿を消していき寂しさを感じさせるが、近頃のように雑木を多く日本庭園に使うようになってみると、雑木の中にはゴンズイやナツツバキ、ヒメシャラをはじめ、幹や芽先にいろいろの変化のあるものも多くあるので、これらをうまく取り合わせると、自然風の数寄屋式のものが出来ると思う。

その手法としては、茶室の露地庭と類似した植栽法であるが、茶室の露地庭は樹木の種類が限定されるので、自然に侘びた気分になるが、数寄屋式のほうは、それがないので幾分派手なものになる。

また数寄屋式には、茶庭と違って、花の咲くものや、香りのあるものも自由に植栽出来るので、それにはザイフリボク、ヤマボウシ、エゴノキ、シデ類、その他の花の咲くものも混じえて植栽することになる。雑木は何といっても春先の芽出しの頃が美しく、白芽のコナラ、赤芽で花と同時のヤマザクラ、緑芽で樹皮は赤褐色のヒメシャラなど、小庭であればなおさら、これらの芽出しを眺めるようにして、下木にはガマズミ、オトコヨウゾメ、ホサキナナカマドなど、それに下草なども在来の培養種でなく、山野に自生するものを選

待合周辺の植栽の模様＝山縣邸

ぶことにすると、結構よい気分のものが出来るのであろう。

ただ、よほどの大庭園でない限り、大木性のケヤキ、アカメガシワ、また大葉のカシワ、ハクウンボクなどは地被の苔などを傷めるので避けることになる。また、これらの雑木の庭に常緑樹を混じえて植栽する場合、よほど広い庭でない限り、シイ、モッコク、モチなどの広葉樹は調和も悪く、また庭を狭く感じさせるので、出来ればアカマツ、スギ、サワラ、モミなどの針葉樹がよいと思う。

雑木の種類

雑木は全国いたるところの山野に自生するものであるが、種類も多く、また土質の関係で根廻しを必要とするものが割り合いと少ないので、ここでは武蔵野を中心として記すことにしてみた。

武蔵野といっても、多摩川、荒川、入間川の内外、つまり東京都下、埼玉県、それに神奈川県、千葉県、茨城県の各県の一部と、かなり広範囲にわたっている。

雑木といえば、平野の山林に集団して生えており、その下にその土地特有の野草が生えているのである。これらの雑木は、各種が入り混じって群生するのではなく、コナラとか、クヌギその他の一種の群生の中に他の雑木が幾分入り混じって生えているのである。

この雑木類について、その二、三の特色を述べると、コナラはハハソの異名があり、群生して相当多くある種類で、初芽が白色を帯び花は種状で褐色である。エゴノキは、チシヤノキ、またはロクロギの俗名がある。これは群生はしないが、初夏に白色で房状の花が咲く。コブシはこれも群生はしないが、四、五月頃白色の大輪が咲き、雑木林内にたまたま見かける。クヌギは群生自生して、春穂状の黄褐色の花が咲く。この木はヤマナシやケンポナシと同様に根が非常に荒く、移植には根廻しが必要である。ゴンズイは、キツネノジブクロともいう。五月頃淡黄色の花が円座状になって咲き、初冬に黒色の実をつける。また幹の皮が点状になって上下に走っている。

この他数寄屋式の庭に相応しいものはアカマツをはじめ、ナナカマド、ムラサキシキブ、トネリコ、センダン、アカメガシワ、ムシカリ、スイカズラ、ヤマボウシ、ハシバミ、ウコンバナ、クロモジ、ヤマナラシ、ネムノキ、リョウブ、ナツツバキ、ヒメシャラ、ハクウンボク、ガマズミ、ツリバナ、マユミ、オトコヨウゾメ、ネジキ、シデ類、その他。

山草の種類

雑木林の中や、原野には雑木の庭に相応しい山草が見られるが、今は各所に培養店があるので、そこから求めることになる。これらの山草も少し説明すると、モミジハグマ＝葉はイタヤカエデを大きくしたようで、花は夏に白花に紅を帯びたもの。クマガイソウ＝一名ホテイソウともいう。頂きに二枚の扇形の

野の雰囲気を演出＝成吉邸

大葉を生じ、花は四、五月頃、大形にして淡紫褐色、多く雑木林や竹林の縁などに見受ける。トリアシショウマ＝節間に淡赤色を帯び、葉は数回分岐した複葉で、その間に細長き花茎を出す。花は夏、白の小花を多く出す。

比較的日当たりのよいところには、リンドウ、トチバニンジン、ソウジュツ、ヤマユリ、シモツケソウ、フジバカマ、キキョウ、トラノオ、オトコエシ、フタリシズカ、ワレモコウ、イチリンソウ、ニリンソウ、イヌショウマ、オミナエシ、キリンソウ、その他。

半日陰のものには、ホトトギス、ギボウシ、カタクリ、アマドコロ、エンレイソウ、アツモリソウなど。

陰地のものには、マツムシソウ、エビネ、ウラシマソウ、ヤブミョウガ、シダ類など。

また蔓物には、アケビ、カザグルマ、カモメヅル、ツルリンドウ、テッセン、ハンショウヅル、ビナンカズラ、ムベ、ボタンヅル、ニンドウなど。

軒先に植えた「家付きの木」＝植田邸

雑木の植栽について

　これらの雑木の植栽にあたって、最も重要なことは、根廻しをしてあるものは別であるが、多くは山掘りものであるから、根のよい性質のものと悪い性質のものを寄せ植えにしないことである。

　よい根のものは水揚げもよいが、悪い根のものは水揚げが悪いので、後に枯死することがある。

　寄せ植えの場合は往々にして鉢と鉢とを崩してまで寄せ植えする場合があるもので、なるべく同一の根のものを寄せ植えすることである。

　そこで出来れば、古来の日本庭園の植栽手法のように、植栽と同時に完成する方法でなく、最低四メートル位の小さめのものを植えて、後を楽しみにする方法にすると根の競争率も少なく、経済的にも半減するのである。これらの手法方法などについては、庭の依頼者なり関係者にも、前以てよく了解を得ておく必要がある。自分は多く、この方法で、設計や施工をしている。

またこの式の庭園には、よく、小流れや自然風の池などを設ける場合も往々にしてあるが、これらに用いる庭石は、川石の出る地方につくる場合は川石でもよいが、山石の苔のあるもののほうが渋味があってよい。ただし、入り混じって使わぬことである。手法としては、もちろん作庭式でなく、自然風につくるべきである。

石燈籠にしても、小さめの古びたものが調和がよく、それに五輪塔や宝篋印塔、道祖神なども据えたいと思う場所が往々にしてあるものである。

なお、このような自然風の庭園をつくるには、多少植物的な研究がもちろん必要であるが、しかし図鑑にも根の善し悪しまでは記載されていないから、自分で十分研究して調べる必要があると思う。

雑木の剪定

樹木の剪定は、作庭式のものと、数寄屋式の自然風のものとは違いがあって、数寄屋式では野透しと称して自然そのままの方法で行なうべきで、樹木にはそれぞれの特長があり、その性質を生かして自然の姿に剪定するのであって、樹木の先端や枝先などを留めて鍵形につくらぬことである。小さくとも下側の枝を残して出替りという方法で行ない、下から見て、どの枝を切ったかわからぬようになすべきで、こうすることによって、いつまでも自然の姿が残るのである。下木、下草も同様である。

この剪定法には、野透しと小透し、それに丸透しの三様あって、小透しとは、この方法で小枝の先端まで、盆栽鋏で丁寧にすることで、小庭園や料亭などに、よく見かけられる。丸透しとはいわゆる株物の剪定であり、野透し方法で先端のみ丸く刈り込まず、次芽を残して剪定し、懐の通風をよくし、懐に枝芽を出すことである。従って、先端の芽は少し不揃いの丸物になるが、これが、自然の姿である。

この剪定方法は、数寄屋式の露地庭に限らず、一般の日本庭園にもこのようになすべきであると思う。

今日多く見かける剪定は、樹木の別なく、作風の区別なく、みな一様に枝先を切り込んで丸物にしており、中には刈込鋏で剪定しているのも見かける。株物にしても刈込鋏で丸く刈り込んでいるが、これでは懐の通風が悪く、懐芽が出ないので、後には荒廃するのである。

しかし作庭式の日本庭園となると、石組本位とし、ゴヨウマツ、ラカンマキ、その他の中洲づくりのものを植えて使うことになるので、雑木を混じえても、幹《かん》(こぶ)のある木を使うことになる。地方によっては幹のないものは庭木でないとまで称されているところもある。

歴史ある古庭園にしても、終戦後は下木や株物の剪定法が悪いので石組や流れなどが見えぬほどになっているのを見かける。戦前の古庭園には、そのようなことはなかったので、非常に残念に思う。これは戦後になってからの習わしで、人手不足の折からでもあったと思うが、中には伝統を引き継いだ庭師には昔の方法で行なっているのを一部に見かける(これは少し書きすぎかな、年寄りの冷水と思って下さい)。

剪定の時期

樹木の剪定は、理想としては、春先樹木が水をあげ始めた季節が一番よく、落葉樹は葉をふるっており、常緑樹も古葉を落としているので、思うがままの自然の味を出した剪定が出来、また葉がないので手数も半減するのである。今日多く行なわれている夏から秋にかけての剪定は、枝葉が繁茂して憂鬱感を覚えるために剪定するのであって、樹木のため

木立ちを見せる露地の植栽＝小林邸

ではないのである。そこで小庭園は別として、手数のかかる大庭園では、春先早めに剪定することをおすすめする。

　昔からのいい伝えに「秋の深切は木を枯らす」という諺がある。これは幹水が下る時期だからである。

雑木の余談

　この稿に書いているときに、毎日新聞に掲載されている日本文化論〈この人と〉の故・渋沢栄一さんの写真を見て造園当時の渋沢邸の雑木林を思い出し、また山内侯爵邸なども偲んだ。これら二邸はよき対照ともなるので、雑木の思い出を追記することにした。

　渋沢邸の造園が出来上がったのは、最早《もはや》七十年近く前のことである。当邸は今の飛鳥山公園に接した隣地で、坪数は忘れたが飛鳥山と同じ位の広さで東南に斜面の巨大な邸宅であった。建物寄りには当時富豪の邸宅に流行だった園遊会用の大芝生地帯を設け、斜面上の東南にかけては、在来の雑木やサワラの自然林に雑木を補植して、その深林中には茶室や四阿などが点在し、また斜面の中腹には男瀧や、女瀧などもつくられ、自然風の渓流や淀みなどもあって、邸外の音無川《おとなしがわ》に注いでいた。

未だに忘れがたい自然風の名園だった。庭師は私のはじめての師匠で、その当時名人とまで謳われた下根岸の松本幾次郎氏で、今の松本知巳氏の四代前の祖先であった。

それから四年後、これも同じ松本幾次郎師匠の手になる、山内侯爵邸が麹町三丁目の下屋敷から、渋谷の代々木に新築されて引き移られたことがある。

場所は新宿から甲州街道を初台方面に行く途中、今の瓦斯会社の前を通り越した右側に銀世界という梅林があって、街道を挟んだ左側に大きな竹林があって、その竹林の中に広い通路を設け、用水川に橋を架けて、表門をつくられたのである。

今でいう明治神宮の裏参道の入口。京王線に沿ったところである。

敷地は約三万坪もあったであろうか、南斜面になった土地で、近くには今の明治神宮の森を眺める。邸内はアカマツを混じえた雑木林で、ところどころに湧水があって、下手には大きな自然の沼があり、いろいろな山草が生い茂り、恰も武蔵野の気分そのままであった。

普通ならば、このような場所には自然を生かしてつくるべきであるが、昔の貴族はこのような自然林を好まず、これらを総て掘り起こして、そこに中洲式のマツやマキ、カヤなどの立派なものを入れて、下屋敷から荷馬車に百台ほどの庭石や燈籠などを運び、池泉や流れを設けて、いわゆる作庭式の立派な庭に変えたのである。これらの作庭式は明治時代には各富豪が盛んにつくられたものである。

この屋敷も今は分譲地となってしまったが、南側の坂道に高い築地塀の一部が残って名残りをとどめている。

木立ちを通して透けて見える茶室＝小林邸

このような思い出があるので、自分が大正七年に独立してから、大小の造園に拘らず、依頼者側の好みによっては、雑木を混じえた数寄屋の庭をつくるのに専念してきたのである。

後にこの山内侯爵邸の分譲地に移られてきた浦山春雄邸、鈴木正邸、野口利次郎、高須満次郎邸などの造園を依頼されたのも、何かの因縁と思う。この四邸はいずれも四、五百坪の敷地であるが、囲席《かこい》や数寄屋の茶室のある邸宅で、当時のことを思い出しながら楽しく、雑木の庭をつくらせてもらったのである。当地の池の一部には野口利次郎がある。

今でこそ雑木はいたるところの植木商に売っているが、当時は売品としてはなく、前以て雑木山で根廻しをしておき、それを使ったものである。その頃多大の協力をして下されたのが、府中市の多磨植木会社、今の村越善男氏の先々代、村越年蔵氏である。

『庭』別冊61号〈雑木の庭の系譜〉昭和63・5・1発行より

雑木を見つめ直す

小形研三（明治45年生 昭和63年没）

編者前日

昭和六十三年一月十五日に㈳日本庭園協会の青年会連続講座の一環として、東京・新宿の新宿文化センターで、小形研三氏が行なわれた「雑木論」の講義録である。当日は講義のためのレジュメを用意され、多くのスライドも映写されたが、ここでは、当日の講義調を生かした形で取り上げている。従って「雑木論」より「雑木雑話」に近いが、文字通り、最終講義なので、原形を尊重したつもりでいる。

雑木とは

私に与えられた題は「雑木論」であります。今、こうして考えてみると、終戦後、次第に雑木が扱われてくるようになって、今ではかなり多くなったと思います。

ここで雑木を見つめ直してみるというのも、よろしいでしょうし、それが本講義の一つの目的かと思います。

そして〈雑木〉の二字を見て〈ゾウキ〉と読むのは、東京付近の一般人が多いようです。普通には東京近郊、特に武蔵野と呼ばれる地方を中心に、薪炭用、あるいは田畑に用いる有機肥料として、その秋の落葉、林の下草などを利用するため造成されているナラを主とする落葉二次林を指すことが多いようです。

木炭などについてはサクラ、カシなど高級木炭のほか一般の混合材を用いた木炭をゾウキと呼んでいるようであります。

現場での陣頭指揮で植栽の優劣は決まる

また林業では、その地で特に利用しようとしているスギ、ヒノキ、マツなどの他の木を、特にザツボクと発音して、〈雑木〉の字を使っているようです。

そうした雑木の林、雑木林を、美しいものとして謳いあげ、とみにその美を世人に認めさせたのは、明治の文人・高山樗牛でした。それと前後して徳富蘆花と、何人かの文人が特別に雑木を吹聴したわけではありませんが、庭も自然的なほうがいいという影響を与えたと思います。

西洋では整形式で発達してきましたが、私は日本では自然を題材とする点では、これを千数百年にわたって保ち続けてきたことは、一つの奇跡だと思います。

庭はいろいろな変化をなして、少し堅苦しくなってきました。何でそうなったかといえば、武士社会の堅苦しさと、それを形として営業していくほうが便利であったためではないでしょうか。

右から左へと気勢が移行する小形氏のスケッチ

おそらくある時代の庭を基本として、庭はつくられたのではないでしょうか。ある時代とは平安時代で、そのもろもろの様式を取ってつくられたのではないかと思うのです。そして、それが日本庭園の主流ではなかったかと考えています。

庭に雑木を使った歴史

庭木として、いわゆる武蔵野の雑木を高く評価し、多くの庭にそれを活用したり、その考えで子弟を導かれたのは、私の先生である飯田十基師で、その飯田先生の説によると、東京の庭師が、いわゆる雑木の庭に目覚め、それを実際に使って庭をつくったのは、大正にはいってからだったとか。

明治時代に東京の庭師が旦那に頼まれて、箱根や軽井沢の別荘に庭をつくるのが縁で、東京からマツやモチノキを持ち込み、多少は現地の木を使いましょう、というあたりから、現地のいわゆる雑木が使われたそうです。

そういう例はたくさんあったと思います。しかし、東京にまで持ち込んで使いましょうという人などは、おそらくいなかったことでしょう。

その後、東京では柔らかな感じを出すためには、もっぱらモミジの類か竹を使いました。品川の御殿山では、益田孝氏が一面にススキを植えた、起伏のある築山をつくられたことがありました。

飯田先生の自筆の文章に、関東大震災後、明治神宮西参道の西側に、土佐の山内邸をつくるに当たって、そこに所在した美しい雑木林が引き抜かれ、常緑樹の幹の太いのが続々と持ち込まれたのが、残念であったと、述べられていました。

私が実際に飯田先生の雑木の庭の片鱗を見たのは、昭和五年頃、九段におられた野々宮写真館主のお宅でありました。ここにはエノキもナラもありましたし、下草にカンチクも使われていました。

昭和八年の秋には、新作の雑木の庭を二つ見せてもらいました。

その頃は、吉屋信子邸の庭のように、竹中心の部分と雑木の部分とを持つ庭もつくられました。

昭和九年頃には青山の某氏邸をはじめ多くの雑木の庭が、日本庭園協会の機関誌『庭園』や、のちには日本造園士会の機関誌『日本造園士』などに掲載されたことでした。

雑木の庭づくりが、年々、多くなってきたことはご承知の通りでありますが、昭和四十年頃からは、古い伝統を重んじる京都の庭師さんの中にも、雑木を使う人が数名出てきました。

そして昭和五十年頃になると、公共造園の中にも、雑木の利用が増えてきたのです。この頃になると、ほとんど一手に雑木を業者に供給していた多磨植木は、一〇《トン》トラックで二〇台分くらいの雑木を売りさばくほどになったものです。

自然の庭

私は、自然の庭とは三つにわけて考えるのが、もっともよいと考えています。まずはじめに象徴的な手法、自然をシンボライズした庭です。次に自然の形を縮めた自然縮景式の庭、そして写景式の庭。あまりつくらないで自然のいいところをそのまま庭に持ってくる手法です。この三つにわけてみると理解しやすいと思います。

江戸時代では東海道五十三次を持ってきたりしていますが、私はむしろ平安時代の遣水や前栽のように、あまり縮めずに象徴的な意味も込めず、それぞれのいいところを持ってきて庭に取り入れたような、写景式に優位を感じています。この自然写景式の再台頭と必然性ということについては、すでに『庭』別冊55号に掲げておきましたので、それを紹介します。また、ただいままでお話したことと重なる点はご諒承願います。

自然写景式の再台頭と必然性

ここで一言前述の自然写景式庭園の必然性と、その発展について述べる。

私の想像であるが、平安以前の前栽遣水と呼ばれた庭は、おそらく今でいう自然の写景式庭園であったろう。初期の寝殿造りの庭もその細部においては、この技法によったのだろうと思う。

考えてみると、中国、エジプト、バビロニヤなどの庭園がいずれも原則として矩形に区分した園内に草木、花卉果樹を植え、家禽や魚を飼い柵を廻していたのと違い、我が国の庭は野山の草木流れを賞で、住居の廻りにそれを移し、朝夕それに親しむという造園形式を取った。このような形式を取ったのは我が国のみではなかったかと思う。

遺構や文献に見出しがたいのは、それが簡単な施設であり、オフィシャルな記録に載りがたかったからであろうが、絵巻物などには

＊冬景色をどう見せるかが、雑木の庭の課題＝松岡邸（＊印の写真は小形研三氏撮影）

散見される。この種の庭が再び庶民の庭として現れ始めたのは、おそらく江戸時代の中期以後、文人庭が憧れの的であったり、百花園が喜ばれたりした頃から、その芽は延び始めていたと考えてよかろう。

では明治になって貴顕豪商の庭に自然写景の庭があったであろうか。

明治末期の庭で、品川の益田孝翁の太郎庵の茶庭では遠く南方を見下す台地の端にススキのみを植えた、かなり広い築山があり、数株の雑木もそのあたりにあったように思う。

明治の雑木を取り入れた庭としては箱根や軽井沢に出来た多くの別荘の庭があり、庭師たちはそこで自然風の景色と、人工的な下町風庭園様式との採否に悩んだことだろう。この頃から大正にかけ多くの庭師たちが「自然を見直そう。自然のよさを再認識しよう」と感じ出したようであった。

次に大正時代にはいる。大正のはじめ活況を見せたのは京都の無鄰庵をはじめ植治の一連の作庭と、東京では久原、藤山、藤原、根津などの白金、青山の庭、王子の渋沢邸、椿山荘が目立っていたが、いずれも従来の庭とは一味違ったユニークな自然の捉え方が認められた。

　昭和にはいってからはどうであったろうか。飯田先生が強く雑木林に惹かれたのは甲州街道沿、裏参道口に出来た山内邸であったそうだ。そこではどんどん雑木林が切り払われて、普通の庭木が植えられていたのが残念であったと述懐されていた。先生にとって次の雑木の庭との出会いは、九段の野々宮写真館主の庭園であった。

　設計は西川浩氏、現場は飯田先生であって、庭の中に残っている雑木林がそのまま庭の一部として残された。昭和四年頃のことと思う。

　次は昭和八年、永田町にあったある住宅であった。雑木林を潜り抜けて玄関に達するあたりが素晴らしかった。それからは、立て続けに雑木の庭がつくり続けられた。

　戸野琢磨先生が昭和十年頃設計された広大な雑木の庭が世田谷区桜ヶ丘の植村邸にあって、私は戦後その雑木部分の改修に当たった。その雑木林は今も健在である。あるいは現存する雑木の庭では最古かもしれない。

　私は昭和三十年頃、飯田先生の使いで青梅の川合玉堂先生を訪ねたことがあった。先生のお宅は庭中が雑木林となっていた。画室の前は高さ六～七メートルもあるナラを主とした雑木林、主庭は高さ三～五メートル止まりのやはりナラの疎林であった。出入りの庭師の話では、先生は絶対に植木に鋸や鋏を入れることをお許しにならない。何年かして大きくなり過ぎると、それを取り棄てられ、代わりの木は先生自身がお探しになった裏山の木を持ってきて植えるのですとのことであった。

　飯田先生の弟子たちが独立して雑木の庭をつくり始めたのは、昭和四十年頃からと思ったが、その頃から、その他の庭師さんたちの間にもボツボツ雑木の庭が始まった。

＊風情を感じる秋景色＝北田邸

また昭和五十年頃になると役所でもたくさんの雑木が採用されるようになり、今では公園や高速道路沿いにも雑木が見られるようになった。

ただここではっきりしておきたいことは、雑木を植えれば直ちにそのまま自然写景の庭になるわけではないということである。即ち自然をいかに写すかが写景の庭であるか否かの岐れるところで、雑木を植えるか否かとは直接の関係はない。

またここで、自然写景の庭が何故急に脚光を浴び、多くの人の賞賛を得たかについて短い考察を加えてみたい。昔は現地を訪れずしてその地の詩をつくり歌をつくったようなこともあった。旅行は大変であった。最近では旅行は簡単になり、日常なことにさえなった。自由に鑑賞し、たくさんの写真を撮ることも出来、山野の素晴らしい景を多くの人が直接知るようになった。

そのためか自然離れをした古風な人工の庭

幹の流れ、枝の勢いを現場で確認

に感激を覚えなくなったのではないだろうか。写景手法による自然そのままを取り入れた樹林や流れ、目まぐるしいほどに変わる新緑から紅葉までの変遷、そこに日々の驚きと感激がある。

忙しい日々を送る人々が一瞬戸外を見ることによって得られる自然の霊感が、心の疲れをすみずみまでほぐしてくれる。それが写景の庭が喜ばれ求められている大きな原因であろうと思う。

伝統は伝統でも庭造伝に示されるマンネリ化された、いわゆる造庭の慣用手法ではなく、徹底した写景の手法によるユニークな庭の美しさが求められている。自然の真の姿を捉え、創意を加えフレッシュな感覚で自然を表現することこそ、現代が求めるものではないか。

雑木の庭にも泣きどころはある。それはあまりに生長が速すぎ、従来の樹木整枝の技術では、野性の美しさを保たせたままではその生長を抑えきれない点である。剪定のためには自然らしさを保たせる新しい剪定技術を身につけた庭師がどうしても必要になる。

また十五年か二十年もすると剪定だけでは自然のよい風情を保ち難くなる。その頃には設計者自身か、同等の技術者が雑木の半分近くを小さいものに交換すれば、以前にも増して素晴らしい庭になる。

庭園の管理費が少なくてすむようにとは多くの人の声であるが、雑木の庭はその点でも、現代の求める庭に近いのではあるまいか。

◇◇◇　◇◇◇

小形語録珠玉の14条

❶ 我々は昔の庭をつくっているのでなく現代の庭をつくっているのであります。現代人のニーズにこたえて、つくるのであって、どれだけ現代人の求めに応じているか、よく考えなくてはならないでしょう。

○

❷ 雑木の美しさですが、まず新芽のときから新緑の時期が一番美しい。我々は大体、南向きに庭をつくる。それは同時に陽の光が逆光として受けとめることにもなります。よく庭に詳しいという人が「お前たちは南向きにつくるから、いつも木の裏側を見せている」といいます。しかし私はそうは思いません。南向きにつくった庭は逆光の庭であるから、一つのよさが出る。写真でもわかる通り、逆光もいいのです。かえってそのほうがよい庭が出来ます。平凡な庭でなくなります。両方、一長一短はありますが。

○

❸ 雑木の庭をまとめるには木の性格をもう一度見つめ直して、どういうところに特長があるか、考えたい。

雑木は上に向かってかなりよく伸びやすい木である。それから横に広がる木もある。雑木の中には自分自身で枝を枯らして生長するものもあります。つまり自分で整枝剪定をしているわけです。

主木も添木もなく、すべてが主役＝田代邸

❹　普通の植木だとたくさん植え込むと競争になって、勝つ木もあれば負ける木もあります。だが雑木には共存性があって、枯れるような木はありません。

○

❺　武者小路実篤さんの本を読んでいましたら「和而不同」つまり「和して同じからず」という文句がありました。それは同じ樹種で統一した植栽をしたとき、その中でどんな変化を示し出すか、そういったことを考える上で大いにヒントとなったものです。

○

❻　雑木は狭いところでも比較的に空間構成がしやすい。またバラエティーに富んだものが出来ます。そういうわけで、雑木は好まれてきたのでしょう。

○

❼　下枝の有る無しで向こうが見えるか見えないか。非常に意義が大きいのです。西洋で

陽の光によって陰影を生じた幹＝北田邸

は木は集団をなしているが、我が国では透けて見える手法もあり、この点でも西洋とは大きく違います。

○

❽ 雑木で困ること。

一番困るのは、隣の家とか前の家をどうやって雑木で隠すかで、これが弱点であります。奥に常緑樹を植えるか、別の下枝のある木を使って対処するということです。

夏は雑木の下の下木を使って隠し、冬は常緑樹を後方にして——ということになります。

○

❾ 庭というものは空間の変化を楽しむものと思っています。

その木がいいからと、庭の主役にする場合も多かろうが、雑木は脇役でありながら、そのつくっている空間の構成をおもしろく、豊かな表情の庭ものにしています。あるいは、おもしろいものを引き出してくるのが特長ではないでしょうか。

○

⑩ 雑木を使う前、ご主人は心配そうに「本当に大丈夫か？」といわれるが、完成してから一年たつと「雑木はなかなかいいものだね」に変わるといった声を聞きます。おそらく春から夏にかけての新芽から新緑と、徐々に変化する庭の雰囲気が、こうした声につながったと思う。それも逆光で見るから、なおさら美しいものに見えるのです。

○

⑪ 細い幹だけでつくるほうが空間構成は楽ですが、飯田先生がおっしゃったようにポンポンと太い幹の雑木をポイントにするように植えると、細い幹が生きてくる。大小取り混ぜたほうが、空間に変化がつきます。

○

⑫ 自然らしさだけでは飽きがくるので景石や流れを取り入れると変化が出ます。その庭のご主人は三百六十五日、毎日庭を見続けていらっしゃるので、変化のある景をつくらなければなりません。

　景石がないのも淋しいし、逆に多すぎても落ち着きが出ません。小さい石を控えめ控えめに上手に使います。それも青石や白っぽい石はよくありません。

　次に木も常緑と落葉を明確に使いわけることが大事なのです。秋景色と冬景色はどう違うかも考えなければならないでしょう。設計の段階でこれが出来れば七〇パーセントは出来たようなものです。

○

⑬ 図面は見た目の姿が大事で平面図から庭を設計するようでは駄目です。立面図から起こしていくべきでしょう。

○

⑭ 従来の庭が「材料の選択」に精魂を込めたのに対し、雑木の庭では立体構成、空間の設定とそのバランス、気勢の統一とその変化などに精魂を込めなければなりません。

『庭』別冊61号〈雑木の庭の系譜〉昭和63・5・1発行より

マイペースで学んだ技法

無限の植栽世界

——大北 望

人が植えたとは信じ難いほどの自然度の高さをを示す宿の庭＝西村屋 ホテル招月庭

竣工後１年目にして数十年の歳月を感じさせる植栽の妙味＝Ｓ教団の庭

植栽に想う――

樹木はその一本一本に雰囲気を持っている。山の雰囲気のするもの、里や海の雰囲気のするもの、果ては外国の雰囲気のするものなど、山は山でも深山か里山か、自然の植生どおり千差万別だ。

樹種が違っても、同種であってもその姿、形で雰囲気はガラリと変化する。

例えば庭で山の景色を創るときには高木から中木、低木、地被に至るまですべて山の雰囲気のするもので統一しなければ、山の景色にはならない。

一木一草でも他の雰囲気のする樹木が混じると山の雰囲気は伝わってこない。

〝自然に学ぶ〟と口では容易にいえるが、その樹木をよほど観察し、知り尽くさないと軽々と自然は語れない。

樹木の名称、特性や姿を知ることは当然のことだが、その木の「気」、つまりその木が

森の中の静寂を感じるのも植栽の妙味＝Ｓ教団の庭

木の気と植える側の気が合致してこそ自然体な景が生まれる＝西村屋 ホテル招月庭

持つ雰囲気、放つオーラーまでを感じ取り植栽を施さないと見る者に伝わってこない。

それらは樹木から与えられるのではなく、自身から自然(樹木)へと同化していくという想いや努力があってこそ、また、樹木を心底慈しみ、慈しみ始めて感受できる。

庭の完成後「樹木が年々生長するからこの庭は今後ますます良くなりますよ」、という言葉もごまかしや逃げ口上に聞こえる。

完成時に植栽が面白くない植栽は何年経っても良くなるわけがない。

樹種、樹形の選定、一本の樹木にしろ根元から幹の立ち上がり方、曲り具合、幹から枝への分かれ具合、ねじれ、小枝の先々など、樹木というものは人間と同じで誕生して数年でその樹木の姿は決定づけられてしまう。

基本的なことは何年経っても直しようがないのだ。例えば瀧の脇にモミジを一本植える。腰を打ったような幹で、枝がかぶさるような樹形が必要となる。ところがいくら直幹のモ

「植える」ではなく「元の自然に戻す」という気持ちで木を植える＝西村屋 ホテル招月庭

ミジを斜めにかぶせても枝先は伸びるが、その滝に一生かかっても馴染むどころか自然に逆らったアンバランスな景となる。

木の一本一本にはそれぞれ個性がある。

植栽前にはそれらを自分の眼で確認し、吟味し、選定する手間ひまを惜しんでは良い植栽になろうはずがない。

植栽には〝術〟が必要となる。〝術〟とは「わざ」、「すべ」であり「てだて」、もしくは「謀（はかりごと）」でもある。

植栽の形、組み合わせは無限である。何の木をどう配し、どの木とどの木を組ませるか、絵画の色づかい、筆づかいが〝術〟で善し悪し、出来不出来を決定づける大きな要素でもある。日々の訓練と常に感性を磨いてこそ、〝術〟の使い手と成り得る。

植栽は無限の世界だ。

おおきた・のぞみ＝㈱大北美松園代表

木の魅力を知悉してこそ、その魅力を最大限に引き出せる＝西村屋 ホテル招月庭

木の存在なくして風景は生まれ得ない＝西村屋 ホテル招月庭

全国版アンケートにみる——

植栽・剪定の伝承と技法

植木職の職人姿＝石正園（西東京市）の職方

アンケートの考え方と凡例

一枚の葉から一滴の朝露が落ちようとする瞬間、そこに自己と庭の姿が映る。一滴の水滴にこの世の無常を垣間見る。煎じ詰めれば、木を植え育てるとは一滴の朝露を見たいがためと意義づけすることともいえる。

植栽といえば、紙の上に丸をいくつも描き、不等辺三角形になるよう配植すると自然に見えるというマニュアル本を多く見てきた。このコーナーではそうした基礎的なことはさておき、全国各地で活躍されている作庭者がどのような意識を持って樹木と対峙し、関わってきているかを具体的に紹介したい。さらに全国各地に伝わる整枝・剪定の技法を図示しながら、その違いや共通点を洗い出し、広く参考に供する点にも重きを置いている。

ここで植えた後のケアとメンテナンスを重視するのは、竣工はあっても完成のない作庭本来の姿によっている。竣工時は綺麗であっても人と樹木の折り合いが悪ければ庭は荒れる。逆に折り合いが良ければ美しさが定着する。だからこそ作庭者と庭のオーナーとは一生の関わりを持つのだろう。つくることは易く、保つは難し、だ。

ご協力下さった全国の作庭者の方々、ありがとうございました。

★凡　例

❶昔良く扱われ、現在は廃れた樹種と理由
❷最近、好評を呼んでいる樹種と理由
❸ご当地の昔の剪定道具と名称
❹剪定する枝の名称
❺ご当地に伝わる植え方や禁忌など
❻植木屋さんという呼称について
❼木を里や街にまで移して植える目的と意義
❽その他、植栽に関して思い当たること

北海道

中浜年文　**中浜造園**　函館市

❶クロマツ・アカマツ＝管理費が高く、自然風な剪定をしても伝統的な日本庭園の樹種と思われ理解度が低い。
❷ノウゼンカズラ＝夏から秋にかけて咲く樹種が少ないため。
❸当地、函館はアメリカ合衆国のように歴史が浅い地域です。

造園の歴史はもっと浅く、剪定道具の名称も東京・京都で修業した方々が教えた言葉が多少訛ったりしていますが、呼びやすい名前が残ったものと思われます。

❺オンコ(イチイ＝一位)＝位負けするから門の左右に植えるな。
❻最近まで造園資材、特に樹木と石材の材料屋さんが無く、造園業の方々が用意していたので違和感はありません。

お客さまによっては、植木屋さん、庭師さん、造園屋さんとさまざまです。樹木の知識が多少なりとも有るからそう呼ばれると思いますし、長い経験と知識が無いとできないのも大きな事実です。
❼花を見たい、木陰が欲しい、野鳥を呼びたい、防風など理由はさまざまです。

何故かといえばそれは我々、人間が山野の風景や自然の一部に憧れや癒しを求めているのではないでしょうか。私どもがその手助けになれたらと思います。
❽函館は従来よりアカマツ・クロマツなど本来、自生していない樹木を使用してきました。剪定は九月いっぱいが限度です。

風通しが悪いと「皮目枝枯れ病」という北海道特有の病気になります。

ただ、地球温暖化の影響か筵囲いしなくても十分に育つ樹種が増えたようです。従来は無理だったワビスケが市内で育ち、一部ですがサザンカも育ってきました。

桃井雅彦　桃井造園　函館市

❶クロマツ・アカマツ＝剪定に手間暇が掛かり高額になる。ガーデニングの影響か最近の住宅に似合わない。変わった理由としてはアレルギー体質の方から「花粉が出るので」といって嫌われています。

イチイ（オンコ）＝害虫（ナガチャコガネの幼虫、カイガラムシ）の異常発生によって傷む。イトヒバ＝樹形が悪い。

❷コニファー類＝モミ・アカエゾマツ・プウゲンストウヒ・グリーンコーン・ヨーロッパゴールド・ブルーカーペット。落葉樹ではシャラ・ヤマボウシ・エゴなど。

❸北海道は歴史が浅く、特別な剪定道具は無いに等しいです。

当地ではないのですが、先代がマツの手入れをするとき、二連梯子を垂直に掛け、上部にロープを三方向に張り、幅一五センチほどの足場を渡したそうです。

❻まだまだ未熟ですが、多少は知識も経験もあると思うので、もっと植物に対する素人の方々の考え方を変えるのに役立ちたいです。

例えば今の人たちは、生長しない木だとか、葉の落ちない木と、まるで工業製品のように植物を見ているそうです。植物も生き物です。その思い違いを教えていきたいです。

❼緑がない景色は殺伐としています。また緑があるお蔭で住空間をより一層住みやすい環境にしてくれる。植物には気の毒ですが、山野から里や街にまで移すことは人間のわがままかも知れませんが、必要だと思います。

❽害虫と薬の関係

病虫害から木を守り直すといって、薬剤を散布することは一次的に害虫が絶えますが、同時に益虫も死に絶えます。

多少の害虫に薬剤散布が良いかどうか疑問です。何も手を掛けない庭に害虫が多いかといえばそうでもなく、いつも散布しているからといって害虫がいないかといえば結構発生しているのです。

東北

福岡 徹　福岡造園　秋田県

❶ニッコウヒバ・サワラ＝生垣用として昔から好まれていましたが生産量が減り、それに代わる樹種が増えたことが原因のようです。クロマツ＝廃れたというと語弊があるかも知れませんが、管理費が掛かり、高額でしかも松喰い虫の風評もあり以前ほど使われなくなりました。最近の施主の好みや住宅に調和しなくなったこともあると思います。

オンコ＝（イチイ・キャラの総称で地方名）当地ではクロマツ同様に庭木の王様といわれてきましたが、新規の庭には使われません。

❷シャラ＝姿に気品があり、和洋どちらにも似合うから。花や実がつかないと庭木ではなく、地元に自生する木には魅力を感じないという風潮を感じますが、シャラはその欲求を満たしているようです。

コニファー類＝ガーデニングの影響だと思います。耐寒性のある樹種が多いことも人気の原因と思います。昔から使われているハイビャクシンなども含めて、丈が伸びず、横に広がる樹種は雪圧にも強いので、雪国には適していると思います。

❺特にありませんが、マツなどは単幹物を好み、株立を嫌う傾向があるようです。一本の幹で立派に見せたいのでしょう。植木屋は気にしませんが、ご商売をされている方は「運気が下がる」といってフジを嫌う方もあります。

❻「植木屋さん」と呼ばれるのは、世間一般の方から親しんでいただいていることを実感し、嬉しく思います。植木屋にも生産する人、剪定などの管理専門の人、作庭する人などいろいろですが、それはそれで良いと思います。

大工さんといえば家を建てる人というイメージがありますが、昔は植林、切り出し、製材、加工、建築まですべてやったといいます。今は分業化されて、直接現場で家づくりをする人しかいわれないようですが、分業化されつつある今でも、「植木屋さん」といわれることはとても意義あることとです。

分業化された大工さんでも自分たちの扱う木を恵んでくれる山の神様を祀る日があると聞きます。植木屋は自然の恵みを受けて仕事をする最たる者で、自然に対する謙虚な気持ちを忘れず、自分が関わる庭ばかりでなく、地域の自然や環境を考えて大切にしていく気持ちが必要だと考えています。

❼木のためには、無理に移さずそのまま山に置いたほうが良いと思います。ただ、そのままの状態でいると、いずれ自然淘汰されていくような木は里に出してもいいでしょう。また治山工事で伐採の対象になる木も移植してあげたいです。「木を生かして活かす」ように使うことが木の命を恵んでくれた自然への恩返しになるでしょう。それは畑で生産された木を使って自然の野山の景色を「映す」庭をつくる場合も同じだと思います。

自然があまりにも身近すぎて自然の素晴らしさをそこに住む人たちが知らないことがあります。野山に自生する木を庭に植え、芽吹き、開花、結実、紅葉、落葉など、その木から四季の移り変わりを知り、美しさを感じられれば自分が住む地域への愛着も増すでしょう。

❽支柱について

支柱は、風による倒壊や振動から根の損傷を防止し、健全な生長のために必要です。でも庭の美観や枝の生長に支障をきたさない程度に取り付けたいです。風の弱い場所に植える際は根の頑丈なものには支柱はしません。

公園や街路樹、高速道路の植樹帯の植栽を見ると、樹木より支柱が勝り、樹林ではなく支柱の林になっています。

稀に公共の植栽工事も請け負いますが、官庁や元請の担当者に説明し、目立たないようにやっています。自治体や工事のスケールによって違いますが、実例を見せて正当な理由を説明すればわかってくれます。公共工事は万人のためのものですし、個人の庭と同じく植木屋の誇りを感じさせる仕事をしたいです。

剪定について

当地では剪定を「刈込み」と呼ぶ地域もあります。また、剪定のことを方言で「すぐる」ともいいます。「間引く」、「透かし」も行なわれていたようです。しかし、刈込みが多く、マツの新芽などは元から切り取り、外側だけを仕上げていく方法でした。本格的な「透かし」は無く、潮害や寒風から防ぐためにそのような方法を取っていたのでしょう。

「透かし」は、木本来の樹形を活かし、病虫害を抑えますが、当地のような雪国では雪による枝折れを防ぐために絶対に必要な剪定方法だと考えています。

剪定も支柱同様、公共造園は良くありません。腕をもがれ、棒状になった街路樹の醜さは目に余ります。ここまで中央の悪しきマニュアルの真似をする必要はありません。

剪定を発注する官庁や請け負う業者には「自分が住む街の仕事をしている」という自覚の欠如を感じ、植木屋の良心も感じません。

植栽方法

当地に玉物が多いのは、丸く刈り込んだものを植木と仰ぐ風潮の他に、冬囲いや剪定のしやすさも起因しています。単幹物を好む当地でも自然風な庭にはマツやモミジなどの寄植えも見られるようになりました。

当地の雑木林には中木層がありません。マツやスギの針葉樹の他に高木はほとんどが落葉樹で常緑の広葉樹はありません。雪国に適した植栽方法なのでしょう。

冬囲い

庭木を雪害、寒風害から枝折れや葉焼けから守るためコモやヨシズなどで囲います。その土地の環境に合わせ、耐寒性の強い樹種は縄巻きや雪吊りをします。透かし剪定をすれば雪吊り（降雪量の程度にもよるが）はしませんが、自生する山の木を植えた自然風な庭では冬囲いも不用な場合もあります。

茂庭　弘　奥州造園　岩手県

❶昭和四十年頃、日本の経済は高度成長期になり、一般家庭でも庭を持つようになり造園ブームとなった。

その頃の庭は刈込み主体の人工的な形につくられたツゲ・チャボヒバ・ニッコウヒバ・カイズカイブキなどが好まれ多くが植えられた。

しかし、今では岩手県民の趣向が大きく変わってきた。

昔は自然が多く残されており、その林の中で囲まれた生活の中では、人工的につくり上げた形の植木のほうが魅力的だったのでしょう。しかし自然破壊の進んだ最近では自然的なものが見直され、四季の変化のある野山にある雑木類が好まれるようになりました。

❹東北は、気候が厳しいため雪害を防ぐ冬囲いが必要になりますが、雪などの重みで折れやすいような枝は早めに除去し、強い枝に更新していきたいです。幹より鋭角に出た裂けやすい枝などよく見ればわかります。保護しながら育てた枝はどこまでも保護しなければなりません。それがいいかどうかは人それぞれではないでしょうか。

❺昔とは住宅の造り、生活様式などが違ってきていますので、現代に当てはまるかどうかはわかりませんが、以下のようなことがいわれています。

ウメの古木＝玄関より手前には植えるな。

サルスベリ＝庭の中心に植えるな。

イチョウ＝神社仏閣に多いため凶。大木になる→陰気→病気（反面、防火樹としては大変に優秀）人によって嫌われる木＝枝垂れる木は縁起が悪い。

❻一般的に植木屋さんと呼ばれています。私も大変気に入っている呼び名です。（役所の見解では）植木の整枝・剪定は造園工事にはいらない。それは植木屋さんの仕事、とのこと。建設業と造園、造園工事、植木屋、わけがわからなくなりました。私は、昔からいわ

れてきている植木屋さんが好きです。
❼山野草は山に行って見るのが一番美しい。しかし人間は勝手なもので、それを自分の周囲に置きたいと無理をいう。そのため自分の庭に植えて一生懸命に世話をする。そのくらい苦労するなら山野に出かければいいのに、と思うが好きな人はその世話をして育てるのが好きなのである。苦労して世話をすることによって、よく考え、よく観察することによって一層美しく見えてくるでしょう。そして最後にやはり山野に行って見るのが一番美しいとなるのでしょう。
❽東北の寒い地方にも温暖化が想像以上の早さで進んでいます。今まで育たなかった樹種がたくさん植栽されるようになってきました。
　私個人とすれば、このように変わってきたからこそ、今のうちにこの地方の材料を主体とした地方色のある植栽をしたいと思います。

関東・甲信越

池田幸司　**三寿園**　栃木県

❶ここ数年、需要が少なくなった樹種はクロマツやキャラ、ツゲの玉散らし造りなど、和のイメージを強調する樹木は若い年齢層から拒絶されてきた。その原因は敷地面積の制約や経済的な要因が重なり、現在の日本人の生活スタイルからかけ離れた和風庭園そのものが敬遠されている。
❻樹木に対する全般的知識と建物と庭の接点などから植木を活かす方法を理解し、全体像を巧く活かす術を持てる者。
❼古来から庭づくりに使われてきた樹種は、生育も抑制でき適しているが、都市化が進み、里山が消滅する中で、視覚の中で季節を感じるために身近に植えることにより、無くなりつつある自然環境を庭の中に求める。

足の土踏まずに全体重を預け、バランスを保つ

チャボヒバの剪定風景＝以下、古平貞夫さん提供

古平貞夫　古平園　茨城県

❶イヌツゲ＝かつて庭木として全国に植栽されていた常緑樹だった。

枝の誘引が容易で段造りが多かったが、小枝が密となり日照と風通しが悪くなると枝枯れし、ポッカリと穴が開き醜くなった。ツゲノメイガによる食害があり防虫も容易ではなく、それが原因か。

❷ナツハゼ＝山地や丘陵地に自生し、紅葉して実がなる。ほとんど管理が必要ない数少ない樹種だと思う。

❸脚立は十尺を基準にしている。

十尺プラス人間の高さで作業するわけだから通常の木であれば作業できる。それ以上の高さであれば梯子が安全。しかも作業範囲が広くなる。

脚立は杉丸太を使用し、格（こ）の幅はやや膝下あたりにすると作業中は格に足を当てることで疲労感が軽減できる。杉丸太にすれば冬季の作業も金属製と比べて冷たく感じな

知恵を絞って剪定作業は能率がアップした

裁縫用の和鋏をマツの剪定道具に流用

落下防止用に紐で手首に固定させた和鋏

い。最上部の格を長く取り付けているのは写真のように足の脛で身体の安定を確保して作業ができるため。

ただしこれは必ず樹木に向かって正面掛けの作業に限られる。

裁縫鋏は手の中に納まり、木鋏のようにケースから出し入れする手間が省ける。マツの手入れ作業には欠かせない道具。紐で下げれば揉み上げ作業はグッと容易になり、みつを割る場合は手首を上に跳ね上げると握り鋏が手の中に自然と収まる。

❻樹木によって多くの施主と出会い、植木屋でなければできないことがたくさんある。

他の職種であれば完成すればまず、施主との交流はないと思う。

しかし植木屋となれば最低でも一年に二、三回は伺うことができる。当然、部屋にも上がり、お茶もいただける。樹木によって信頼関係が結べるわけである。

❼元来、人間は物好きだ。畑で生産した樹木

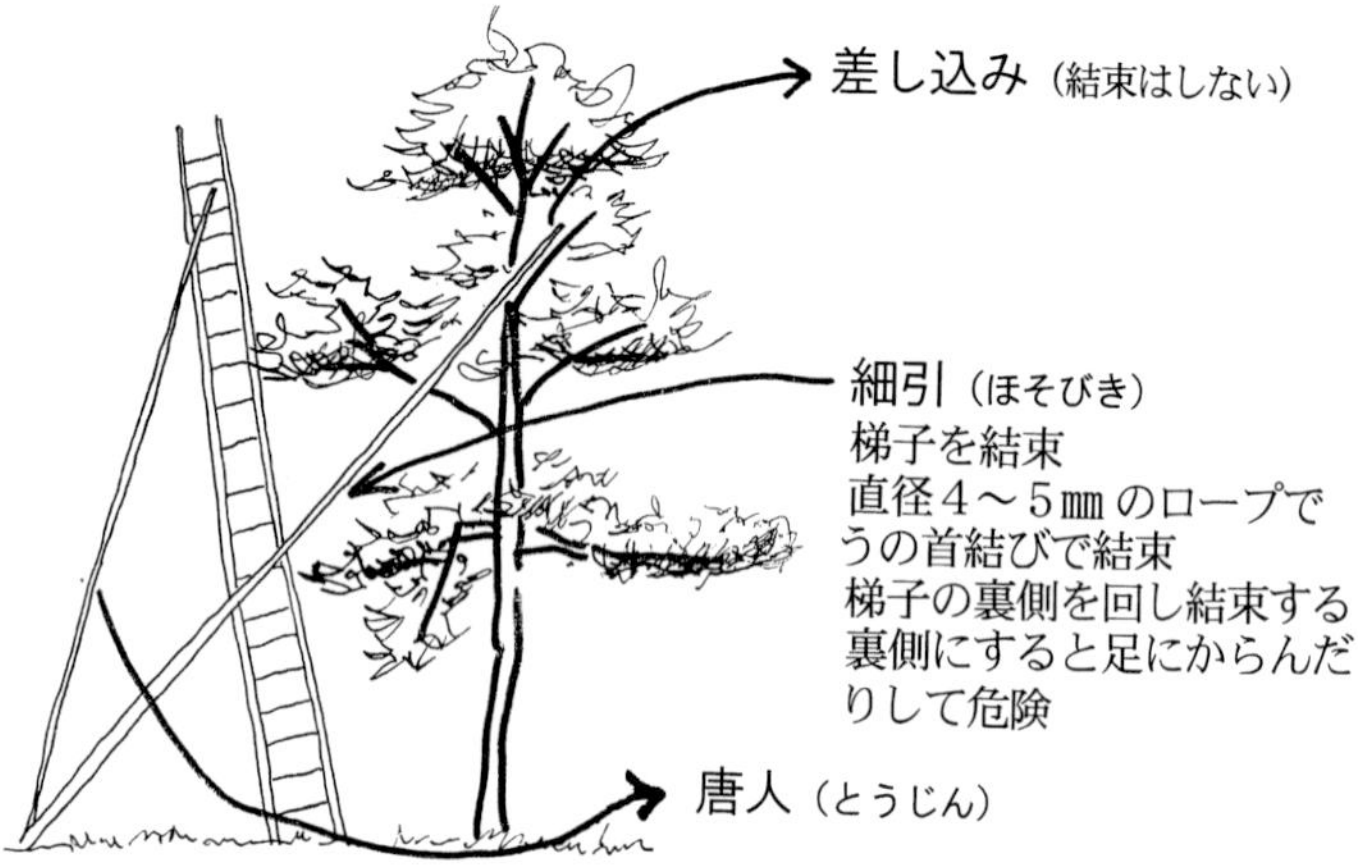
差し込み（結束はしない）
細引（ほそびき）
梯子を結束
直径４～５㎜のロープで
うの首結びで結束
梯子の裏側を回し結束する
裏側にすると足にからんだ
りして危険
唐人（とうじん）

12級太ゴチ

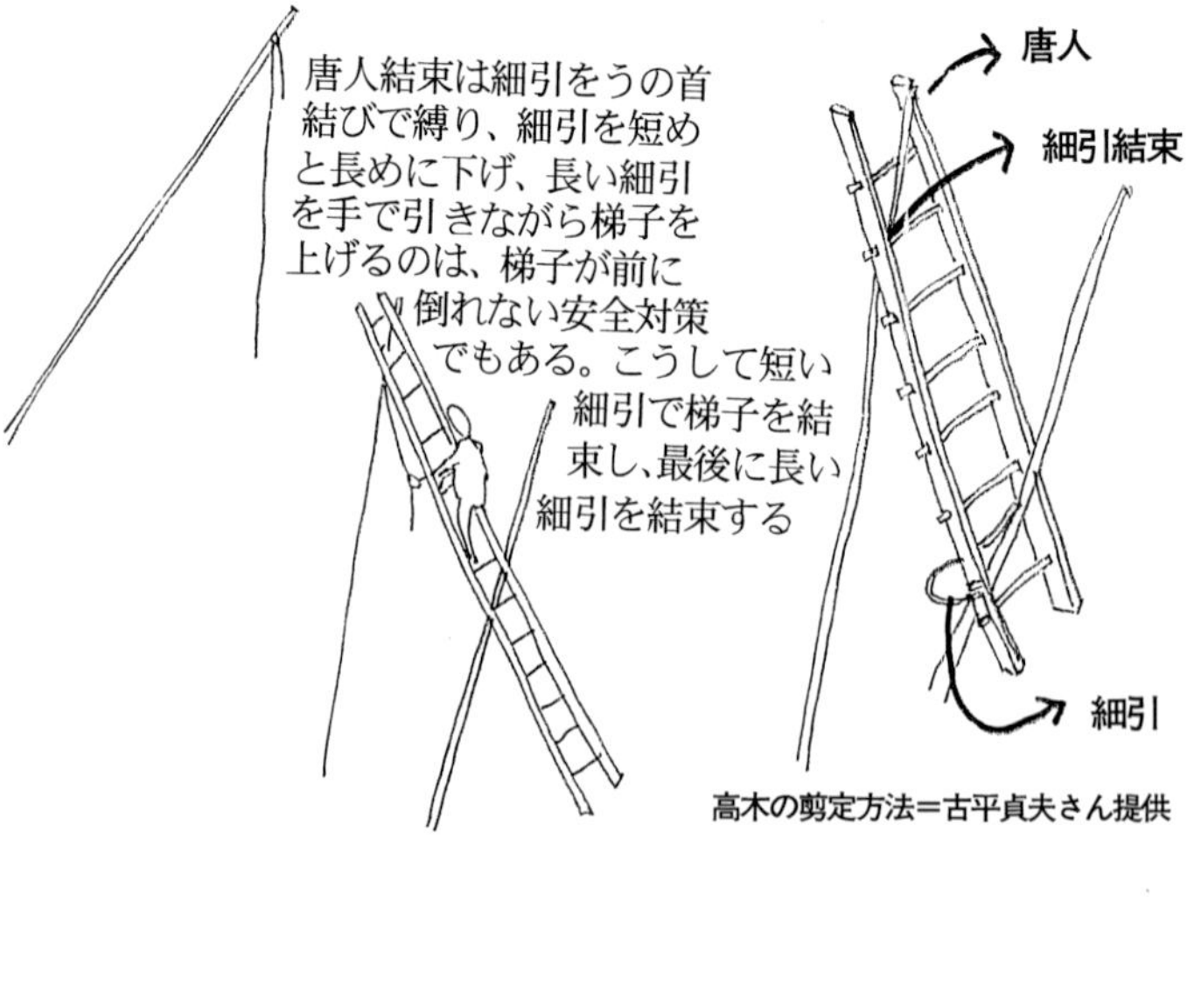
唐人結束は細引をうの首結びで縛り、細引を短めと長めに下げ、長い細引を手で引きながら梯子を上げるのは、梯子が前に倒れない安全対策でもある。こうして短い細引で梯子を結束し、最後に長い細引を結束する
唐人
細引結束
細引

高木の剪定方法＝古平貞夫さん提供

は同一になりやすく、山野の木々は肥料分の少ない場所で歳月をかけて生長しているため非常に趣があり飽きない。

ただ、人間のエゴで新しい物ばかりに気を取られると本来の木々たちの環境を忘れがちとなる。

❽バブル期にゴルフ場建設でかなりの大木が移植された。また中高年の職人たちはその時期に素晴らしい移植技術を身に付けた。

これからの時代、大物を移植するチャンスは少なくなるだろう。だから熟練者は模型を使ってでもこれからの若い人たちに技を伝授させるべき。

長引く不況で庭師の剪定作業も大きく変わるだろう。作業時間を三十分でもいいから施主に対してサービス残業することで少しは解消できるのでは。

このような心構えで努力することで理解していただけるのではないか。

高橋良仁　庭良　埼玉県

❶キャラ・イヌツゲ・ゴヨウマツ＝あまりにつくりすぎて庭の中で浮いてしまう。

＊地元の植木生産業者は今、これらを玉造りにし、大量にコンテナで海外へ輸出している。

❷山採り物。枝ぶりが柔らかで風にそよぐような樹種。特に常緑樹ではソヨゴ・ハイノキが喜ばれている。

❺ユズ＝病人が出るまで実がならない。シュロ・ソテツ・ドラセナ＝特殊な樹形は家相上、良くないといい伝えられているが、地域によって異なる場合が多い。例えばザクロは縁起が悪いという土地もあれば、逆に子宝(子孫繁栄)に恵まれるという土地もある。

❻世の中、モノづくりの仕事は数多くあるが、生き物をそのままの姿で用いながら何かをつくる仕事は作庭しかないと思える。その意味で植木屋さんと呼ばれるのも悪くないが、ひとまとめにされることには抵抗はある。

植木生産者、卸業者、露天商、園芸屋さん、

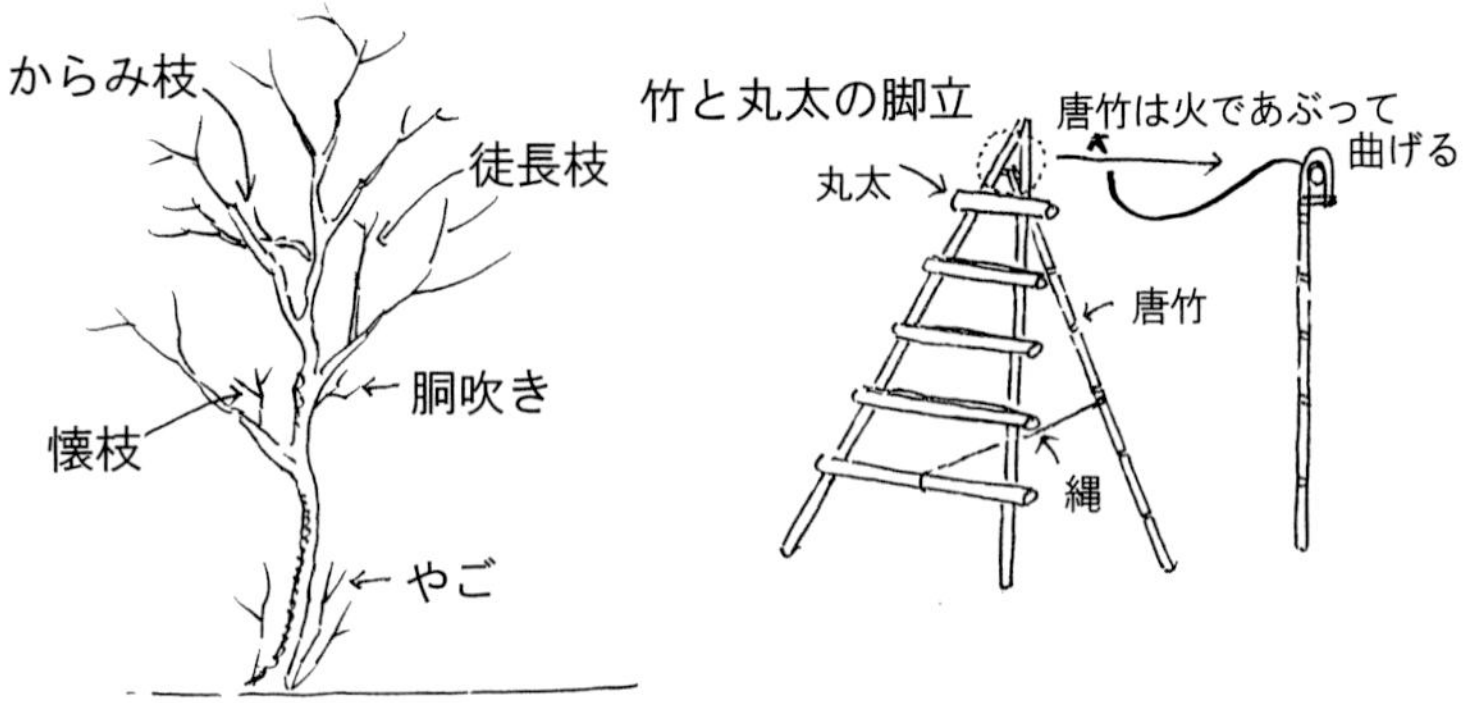

剪定すべき枝の名称と脚立の図＝高橋良仁さん提供

公共造園の施工業者、作庭者はすべて植木屋さんで片付けられる。はっきり区別され、誰でも理解できることが望ましい。

❼環境問題の見地からいえば、自然の姿で山野に樹木が存在するのがベストだと思う。

　樹木が持つ浄化作用とか人間の精神的な癒し効果もあるが、そのために移すのは所詮、人間のエゴである。

　山野から里や街に移して植えるには、最低限、そこに自然の姿を写し出し、美しさを表現するとか、芸術性を見い出したりする人間の意志を反映させることが大事であり、意義を見出さなければならない。

❽植栽するにあたり、無機物を扱うようにしか見えぬ姿を見かけることが多い。特に公共事業の建設現場に多い。土木工事と同じ感覚で植栽や剪定が機械的で無機質な扱いでは寂しい。もう少しこの仕事に携わるすべての人が気概とプライドを持つといいのだが。

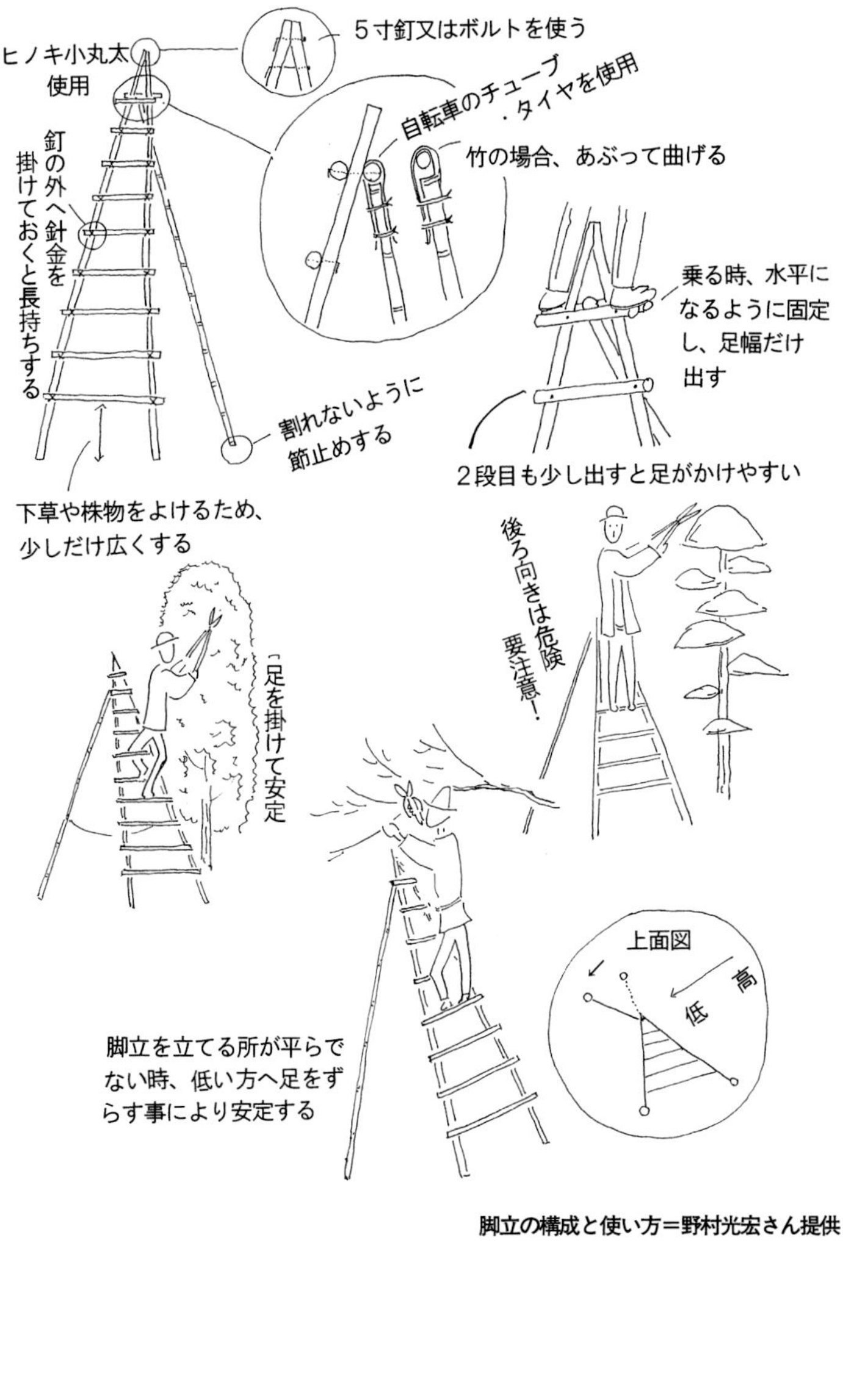
5寸釘又はボルトを使う
ヒノキ小丸太使用
自転車のチューブ・タイヤを使用
竹の場合、あぶって曲げる
釘の外へ針金を掛けておくと長持ちする
乗る時、水平になるように固定し、足幅だけ出す
割れないように節止めする
2段目も少し出すと足がかけやすい
下草や株物をよけるため、少しだけ広くする
後ろ向きは危険要注意！
「足を掛けて安定
上面図
高
低
脚立を立てる所が平らでない時、低い方へ足をずらす事により安定する

脚立の構成と使い方＝野村光宏さん提供

差し込み(差し棒・差し丸太)の使い方　L：6.3〜7.2メートル

梯子の3分の2より上に掛かるように差し込む
低い位置でしか掛からない時はロープ、トンボなどで安定をはかる

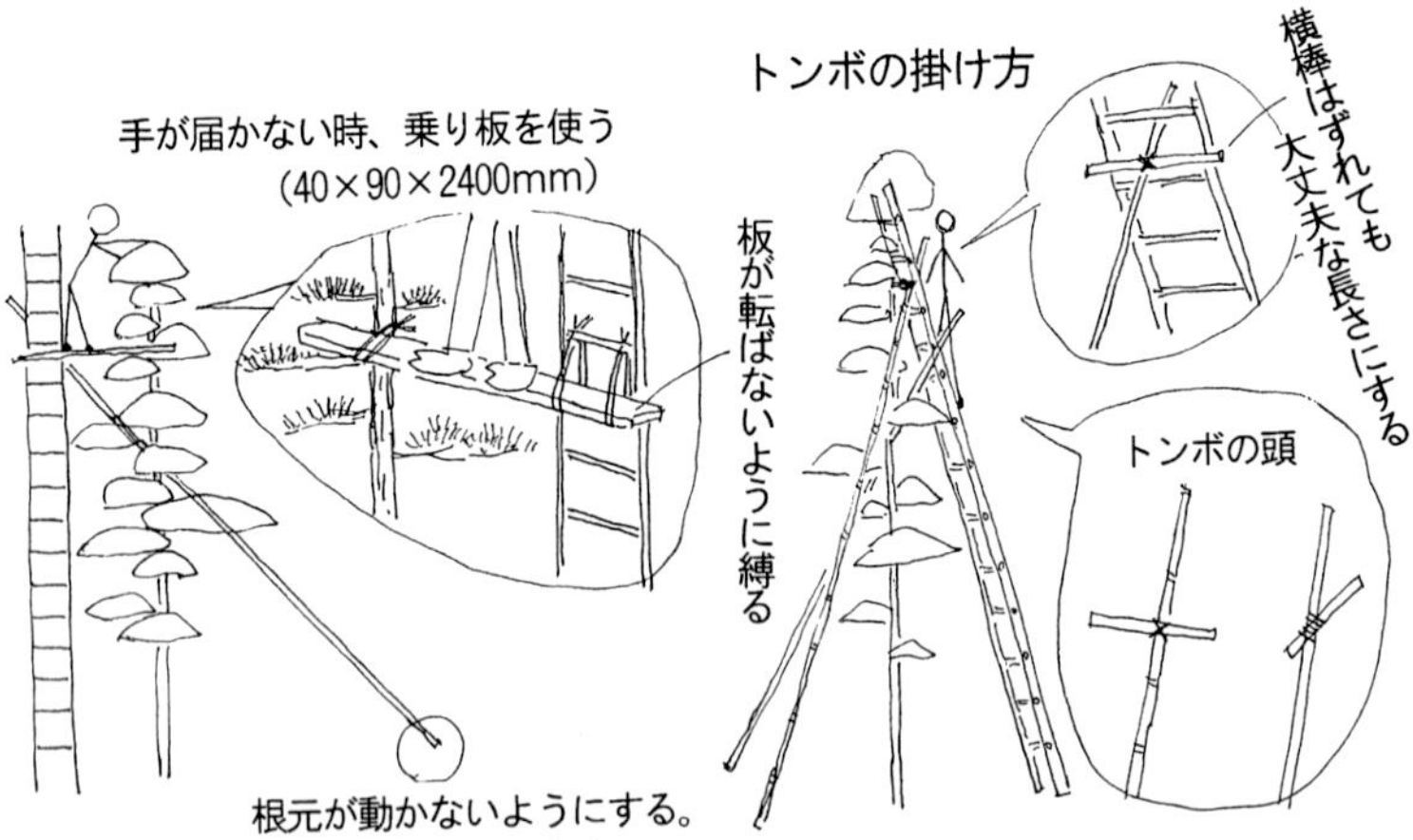
トンボの掛け方
手が届かない時、乗り板を使う
(40×90×2400mm)
板が転ばないように縛る
横棒はずれても大丈夫な長さにする
トンボの頭
根元が動かないようにする。
株物などに掛けてもよい

＊100本の木があれば100通りの梯子の掛け方があるので安全に注意
梯子、丸太は小まめに縛ることが大切

埼玉県安行に伝わる伝統の技＝野村光宏さん提供

野村光宏　野村産業　埼玉県

❻良い呼び方だと思います。植木屋と呼ばれたい人は樹木の知識、名前、病害虫など諸々の技術（移植・剪定）を学び、研究しなければなりません。お客さんに木のことは「樹木医に聞かずとも、うちの植木屋さんに聞けばわかる」といわれたいです。

❼人は生き物として昔から森の中で生活してきました。時代が変わってても緑とともに生活したいという欲求は消えない。果樹を植え、花木を楽しむのは生き物本来の姿だと思います。

すべて山野から移植するのではなく、楽しむ、共生するための植物を生産という形で生み出していくことも人間の知恵だと思う。

❽植栽、剪定について構想が先ず、大事です。

なぜ枝を切り、大きく小さくするのか、そのために何をしたら良いのか、どんな技術でできるのか、それを考える人が大事であり、つくる人に伝えるべきではないでしょう。

門倉光正　作庭舎　千葉県

❶マサキ＝虫害が多い。

ツゲ＝成形物が減った。

モチ＝アブラムシ、煤病を誘引。

キャラ＝ツゲ同様、建築様式の変化で減る。

❷ベニバナトキワマンサク

レッドロビン＝洋風生垣

シマトネリコ＝洋風植栽として

オリーブ＝洋風植栽として

❸ナンバン（木鋏）その他、東京に準ずる。

❺枝垂れ性のものを好まない人がいる。一方では大変に好む人もいます。屋根より高い木は植えない。蔓性植物は入口には植えない。

❻植木とはもともと自然界から先輩たちが長年月をかけて選抜し、庭に植える木として畑で養生し、いつでも出荷できるよう準備をしておく樹木のことをいう。それが庭木である。だから私たちは庭木屋であるべきである。しかし、今日では樹木の導入先はさまざまで個人庭園に留まりません。公園樹、緑化樹など

など、それらに携わる人々はやはり植木屋で良いのではないか。意匠を重要な生業にする人はやや不満があるでしょうが、作庭家・庭匠・造園家という呼称で自ら発すれば良いように思えます。

❼どうですか皆さん、自分の周囲に自然らしきものがあることに嫌悪感をお持ちになりますか。一方、何も無いことを望みますか。おそらく多くの人たちは自分自身の先祖、大きくいえば生命連鎖の元を無意識に求め、自然を欲求するのではないでしょうか。だからといってやたらに山にはいって樹木を採ってきていいものか。今日的ではないように思われます。なぜなら種の保存や環境保護の必要性が増しているからです。そこで植木屋と呼ばれている人はより一層、勉強していただき野生に近い貴重な植物を増産していただき、山から新たに樹木を移植しないように配慮して欲しい。施工者も山採りの樹木はなるべく使わずに畑で増産した樹木を使用したい。山野に近い環境を住宅地、またはビル街、工場地帯につくれることができたら町全体が自然に近い環境となるように思える。ビオトープの発想も必要なのではないか。

❽先ず最初にお客さまに限らず、人々にお互いさまという概念を植え付けましょう。庭をどうつくり込んでいくかでその方法論（施工の仕方）が異なってくるのではないでしょうか。早急に完成を望むのであれば、支柱や幹巻、水鉢を設ける必要は無いでしょうが、数年先の完成を望むのであれば樹木にとって優しい方法で施工ができるように思われます。

最近の庭は樹木が多すぎるのではないか。最初は小さかった木も十年も経つと手に負えなくなり、結果として庭が荒れてしまいます。それと薬剤散布は虫害や病害の蔓延を防ぐ程度にし、町全体に散布する方法は賛同できない。効けば良いだけでは済まされません。いかがなものか。自然はお互いに連鎖しているので考えたいです。

平井孝幸　石正園　東京都

❶マツ・マキ・モチ・モッコク・チャボヒバ・ツバキ＝現代の住宅には暗く映り不似合い。場所を取る。管理に費用が掛かる。

❷ソヨゴ・ハイノキ・アオダモ・セイヨウザイフリボク・シラキ・マルバノキ・ヤマモミジ・ツリバナ・オトコヨウゾメ・フェイジョア・レモン。オリーブ＝野趣に富んでいる／日陰や乾燥に強い／実が収穫できる／紅葉が綺麗など。

❻たくさんの職種の中で生き物を扱う珍しい仕事。その中で樹木を扱うには木の種類、移植の適期、花期、紅葉の色、病害虫などについて深く広く知っているからこそ植木屋であって、施主との会話の中で「即答」できることがとても大切。だから植木屋。

❼本来あるべきところに木があった。家が建ち街となると実に殺風景となる。その中で「ホッと」する空間が欲しくなるかも知れません。「人間本来、無いものねだり。身のまわりにあると価値を感じない。しかし無くしたものに気が付くと、とても大切にしようとする」。

❽街路樹が気にかかる。全国的かも知れないが、植え付けた時点では見られるが、時とともにブツブツに切られ、枝がごつくなり、汚い樹形になっていく。本来の剪定は生長を抑え、その木本来の樹形を活かしながら柔らかく仕上げることなのに悲しいです。

中村　寛　作庭処 中村庭苑　東京都

❶アカマツ＝門冠りとか主木とかの名称を付けたため昔は良かったが今では損をしている木。手入れも夢中になってせずとも古葉をざっと振るっておけば済む木なのですが……。シイノキ＝手入れがしやすくいい木なのですが、葉色が暗く嫌われています。

❷コバノトネリコ＝(アオダモ) 姿が優しく長い年月その姿を保ち、花も綺麗。雌雄異株。サワラ＝長い年月、自然形を保たせてコンパクトにするには剪定に注意は要しますが、十

年以上経つと庭に〝らしさ〟が出て好評です。
❸昔は、小透かし用に首が長く、刃の細い木鋏（盆栽用の鋏だったと思う）も腰にぶら下げていたという話を聞いたことがあります。
それよりも二十年位前に調布の〝なごや〟という鍛冶屋さんが廃業してしまい、好みの寸法の鋏がつくれなくなったのが残念です。地金と鋼の硬さのバランスがとても良かった。
❹車枝は切りたくなりますが、その他は臨機応変に残したり切ったりです。
❻良い響きであり、私も「ご商売は？」と聞かれれば「植木屋です」と答え、相手方も「植木屋さん！」とニコニコします。先輩を裏切らず精進したいと思います。
❼日本では里でも街でも土のある場所に草や木が自然に生えます。そこにちょっと気を利かせて植えてあげるのが植木屋だと思うので、余り疑問に思ったことがありません。それよりも雑草が生えないように家の周囲をコンクリートで固めたり、道路の中央分離帯に植物を植えたりするほうがどうかと思います。屋上庭園もそれなりに目的と意義があるのでしょうが、外から見ると何か変に見えます。
❽その樹種が放っておいたらどのような樹形になるのか、その植えた木が周囲の木にどのように影響され、あるいは与えて育っていくのか注意して剪定しております。
思い当たる節といえば「我が家の木もこんなに立派になって…」という話は聞かなくなりました。せめて公園の木ぐらいは剪定しなくてもいいような植栽にし、のびのびと育てたいものです。ビルの陰と木陰、ゴミと落葉では違うものです。大木のそばに住んでいる、ともいっていられないかも知れませんが。

安諸定男　安諸庭園　東京都

❶アスナロ・スギ・カヤノキ・コウヤマキ・エゾマツ＝昭和二十六、七年頃までは特に瀧石組のバックに植えていたが、現代では庭が狭くなったために使わない。

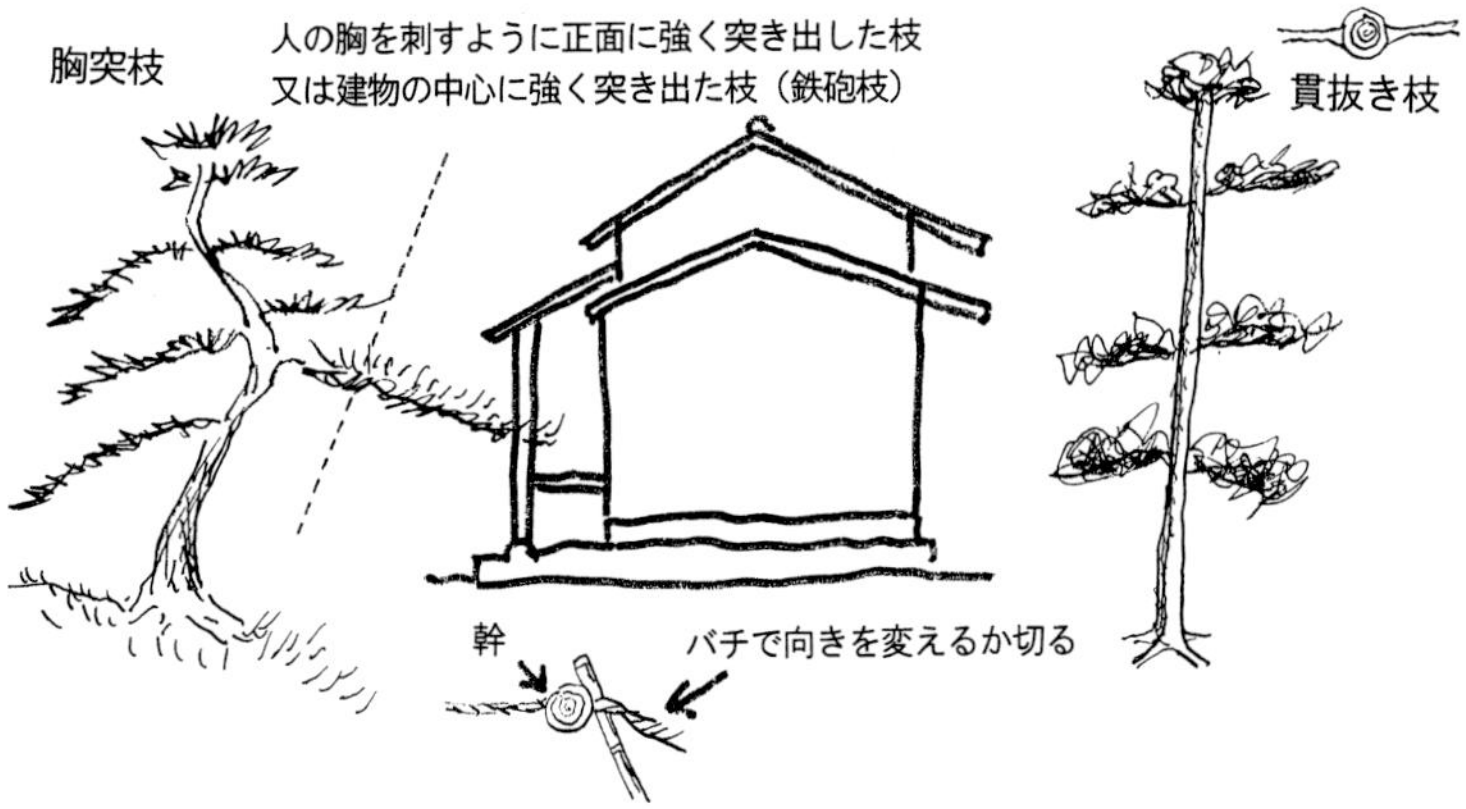
胸突枝
人の胸を刺すように正面に強く突き出した枝
又は建物の中心に強く突き出た枝（鉄砲枝）
貫抜き枝
幹
バチで向きを変えるか切る

剪定すべき枝の名称＝安諸定男さん提供

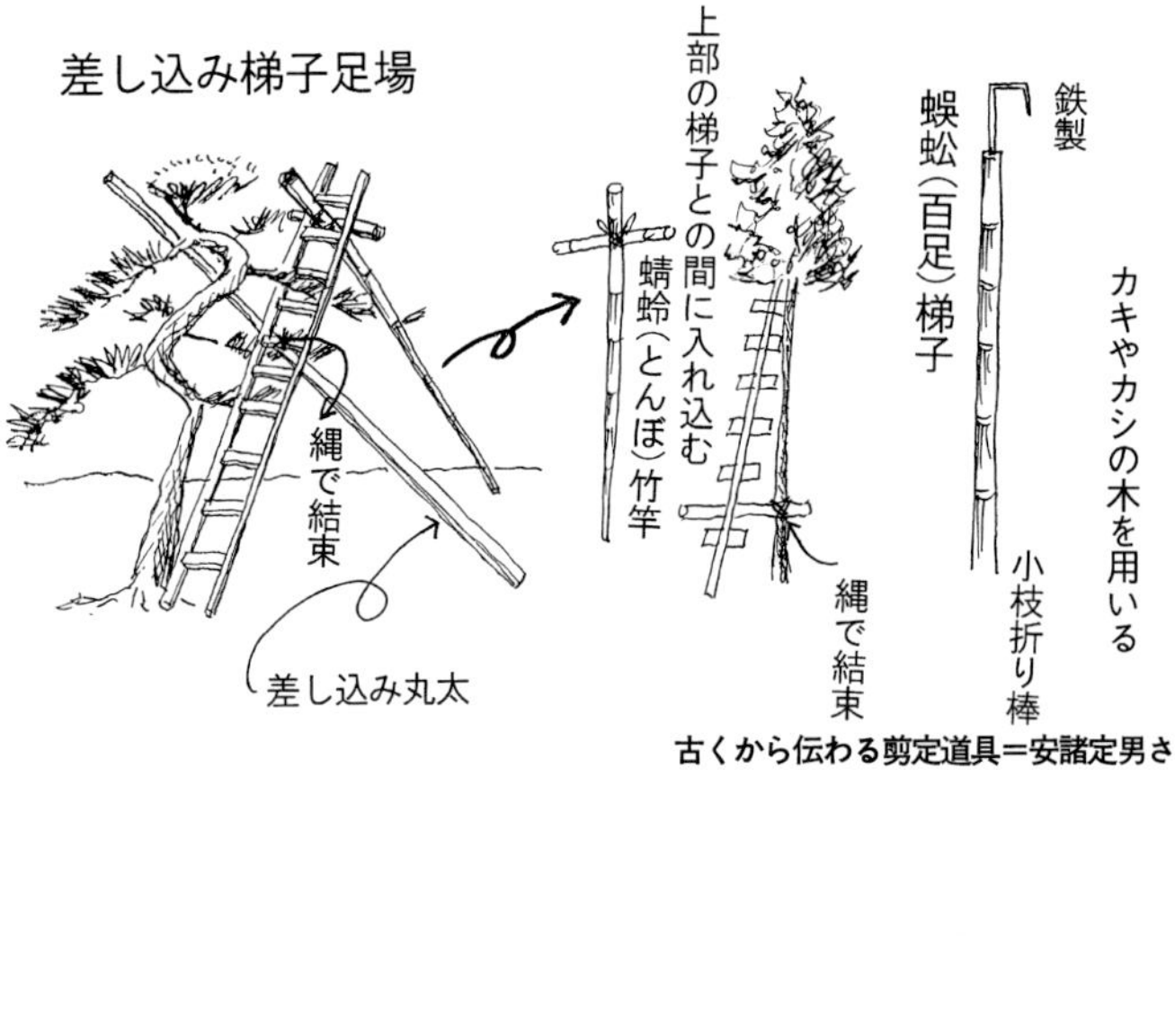
差し込み梯子足場
縄で結束
差し込み丸太
蜻蛉（とんぼ）竹竿
上部の梯子との間に入れ込む
縄で結束
蜈蚣（百足）梯子
鉄製
小枝折り棒
カキやカシの木を用いる

古くから伝わる剪定道具＝安諸定男さん提供

❷アカマツの株立が広島空港公園で多量に使われている。こじんまりとして幹肌も綺麗で手入れもしやすく、雑木ともよく馴染む。
❺ビワノキ＝続けて口ずさむと病気につながる。だから北側に植える。
ワシュロ（和棕櫚）＝枝が出ずに一代限り。
シキミ＝墓地に植えるから。
❻自然を相手にしているので健康的な職業だと思っている。日本人の植木に対する考え方や扱い方は非常に繊細です。これが外国だと根鉢を大きく取り、金網で根巻きしたり大雑把です。
　私は樹木と対話しながら一緒に生きて行こうとしている。
❼自然の中の自然な形を楽しむために山採りをするが、最近では畑であたかも野菜のように規格化して育成するので、何となくスーパーマーケットの野菜売場を想像してしまう。特にアセビの株立はもっと変化に富んでも良いのでは。このようになった原因は公共工事が盛んになって植物材料さえ規格化しようとする現われだと思う。
　作庭する以上は自然の植生を考え、その土地に合った植物を必要としたので、園芸材料でなく山野に自生する植物を庭に取り入れたのだろう。
❽整枝・剪定にはいろいろな方法はある。
　一番大切なことは作庭上、樹木を何のために植えたのかその目的を明確にすべき。その目的によって整枝・剪定の仕方も異なる。日陰を必要とする場所を明るくしてしまうと後で困ってしまう。作庭上、暗い雰囲気にしなければならない場所は、それなりに整える方法がある。

　樹木の手入れというと剪定ばかりを考えるが、枝の誘引や大枝の整形も必要だ。昔は鋸で切ったウメの枝を、鑿で削って故意に古木に見せていた。木割鑿という道具で庭の趣に合わせて幹の形を変えたりもしていた。剪定も立地条件を考えないと枯らす恐れもある。

廣瀬慶寛　作庭処 廣瀬　神奈川県

❶特に無い。庭の改修工事では昔からある木は思い出があるため大事に使う。未だに農家などで見るが、玉物は最近減ってきた。
❷雑木＝四季の変化があり野趣的だから。花木＝花が咲く木に憧れるから。
❹立ち枝・あや枝・徒長枝・返り枝。
❺特に気にせず植えている。
❼木が持つ特徴（生態、住宅環境、管理面、好み）を考慮し、単なる「山採り」ではなく、各自の思いや、人との結び付きではないか。凶を避けて吉を呼び、平安な家庭を営もうとの欲求に基づくのでは。

農家の庭を思い浮かべてみよう。以前は農家の庭は単なる広場や作業をする場としての庭であったはず。そこで裏山に行って咲いている木々を見つけ、その広場の周辺に植えて、自分の家でも楽しめるようにしたのではないか。これは人間の欲求であり、現在の住宅庭園というのは、山野に行きそこに美しい花が咲いていれば欲しくなり植える。そこで植木屋さんに移植を頼む。畑で生産している木々もあるが、造園的立場から見れば、本来あるべき山野から移してきた木々のほうが野趣があり、味のある庭ができる。

名取 満　東香園　山梨県

❶ツゲ・キャラ・チャボヒバの仕立物＝高価格、広い敷地が必要。
❷ヤマボウシ＝開花して紅葉もする。和洋の庭に好まれる。
ソヨゴ株立＝日陰に強く自然で手入れも簡単。
❹トビ＝樹冠より飛び出した枝
ホイ＝ひこばえの意
ズボイ＝徒長枝
ドウブキ＝幹から吹いた枝
ナカエダ、ナカメ＝ふところ枝
タチ＝立ち枝
カレ＝枯枝や枯葉の意
カエリ＝逆さ枝、戻り枝

梯子を建てる方法と乗り方

梯子は木に対して直角でかつ垂直に建てる

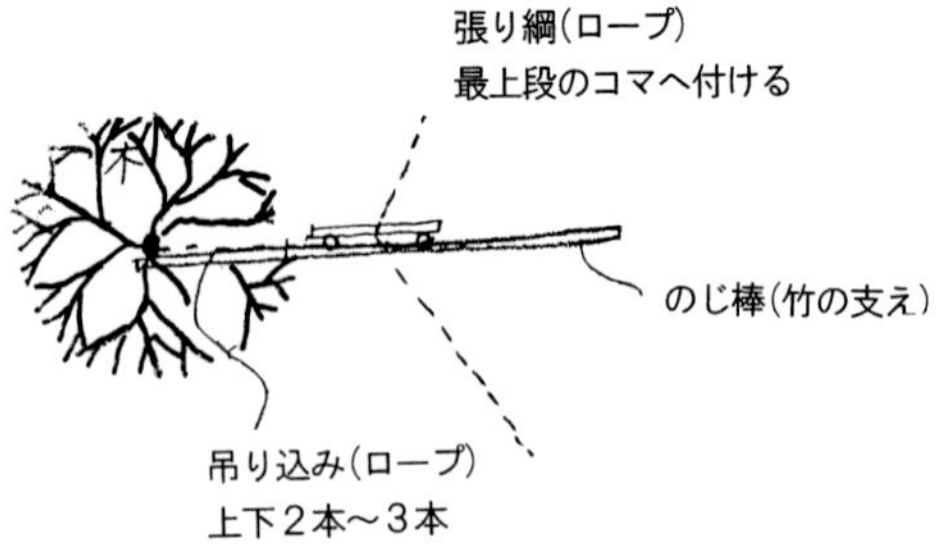
張り綱(ロープ)
最上段のコマへ付ける
木
のじ棒(竹の支え)
吊り込み(ロープ)
上下2本～3本

人は梯子のコマに足を掛け、表、裏共に作業をする
マツなどの長い時間がかかる時は胴綱で体を支える

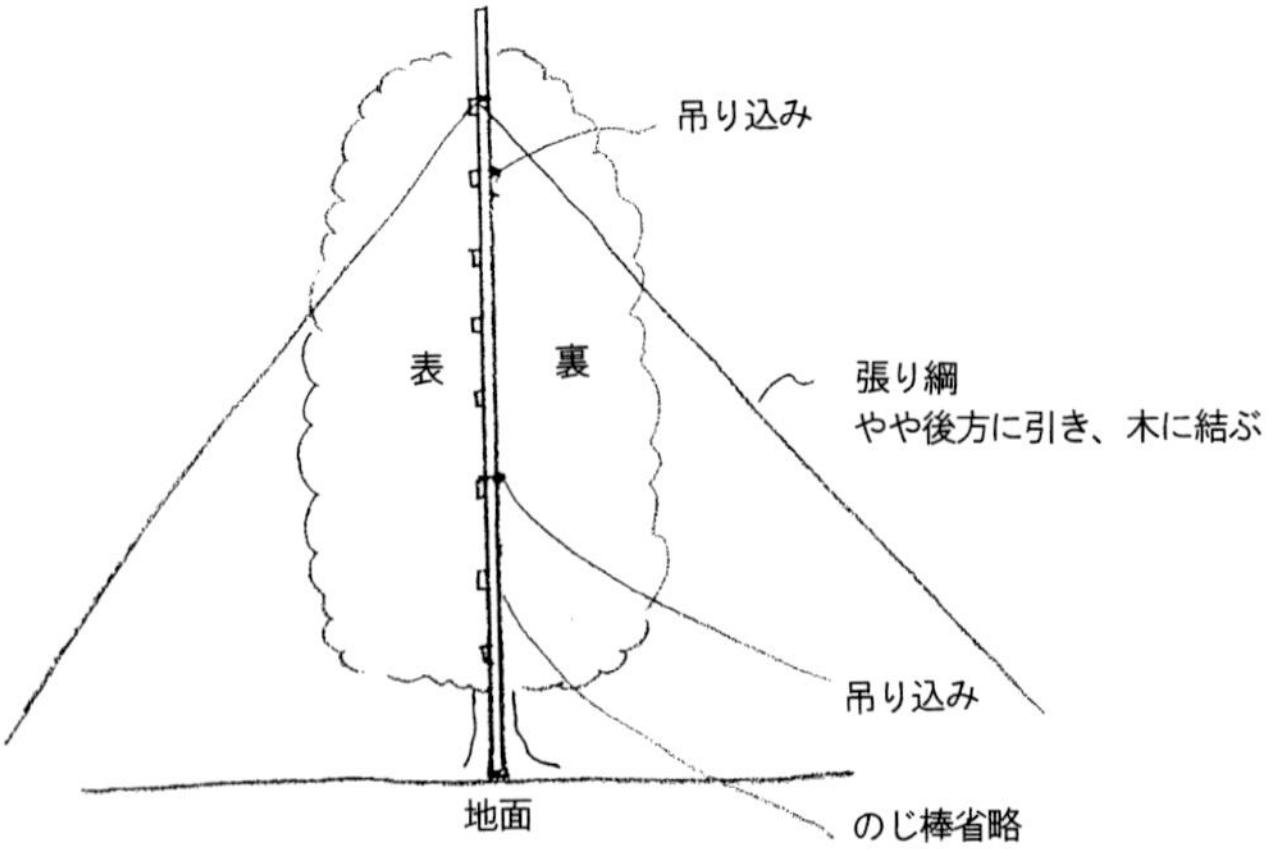
吊り込み
表
裏
張り綱
やや後方に引き、木に結ぶ
吊り込み
地面
のじ棒省略

梯子とロープの掛け方＝名取 満さん提供

竹梯子の詳細

構造

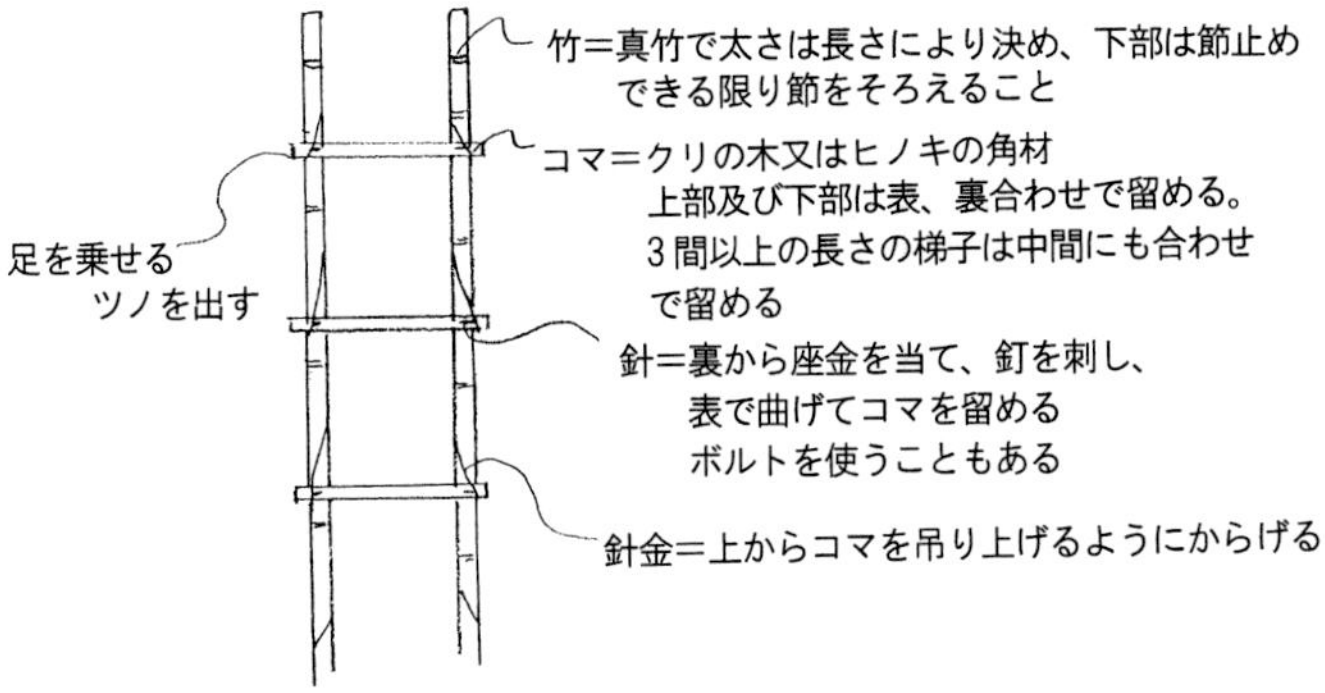
竹＝真竹で太さは長さにより決め、下部は節止め
できる限り節をそろえること
コマ＝クリの木又はヒノキの角材
上部及び下部は表、裏合わせで留める。
3間以上の長さの梯子は中間にも合わせ
で留める
足を乗せる
ツノを出す
針＝裏から座金を当て、釘を刺し、
表で曲げてコマを留める
ボルトを使うこともある
針金＝上からコマを吊り上げるようにからげる

正面

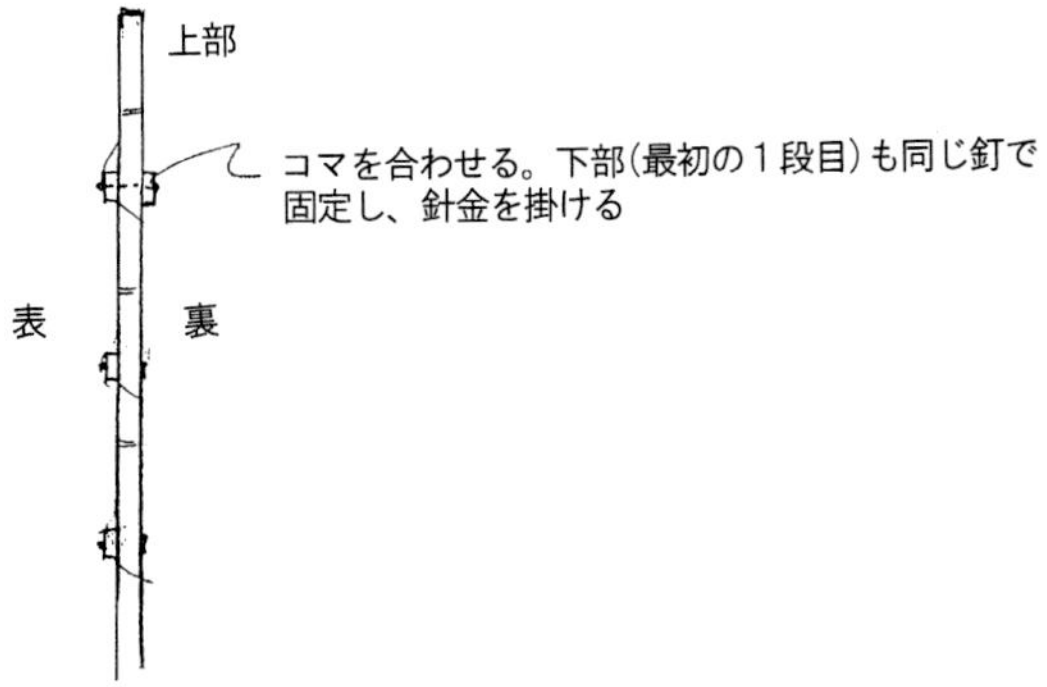
上部
コマを合わせる。下部(最初の１段目)も同じ釘で
固定し、針金を掛ける
表
裏

側面

＊竹でつくるので木梯子より軽く、柔軟性もあり折れにくい
又、折れても針金で固定しているので安全

竹梯子もすべて手づくりだった＝名取 満さん提供

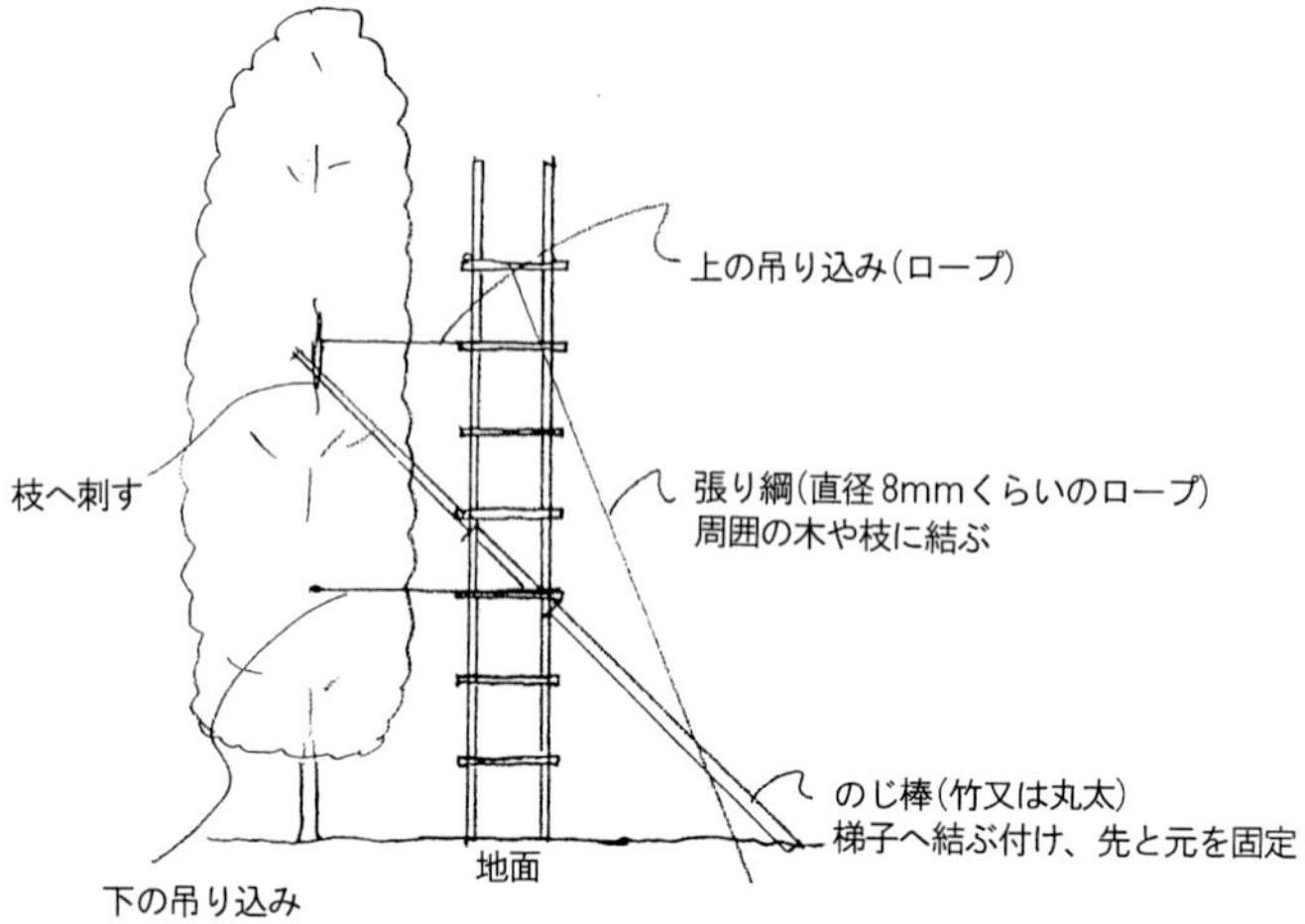
上の吊り込み(ロープ)
枝へ刺す
張り綱(直径8mmくらいのロープ)
周囲の木や枝に結ぶ
のじ棒(竹又は丸太)
梯子へ結ぶ付け、先と元を固定
地面
下の吊り込み

◎地面との高さが違う時は片側の竹の下に板をかませる
◎木の下部枝張りが広く、上部が狭い場合は枝を分けて建てるか、
木の方へ傾けて建てる
◎現場での移動は枝などの障害物の無い場合、長さ３間半以上の
梯子は１人、それ以上のものは2〜3 人で建てたまま移動する
このことを「梯子を回す」という
◎梯子の届かない大きい木は幹乗り(木に登る)で作業する
◎梯子を垂直に建てるので表裏とも作業できる。又、少々の傾斜
地でもコマが上下するので建てることができる

梯子の架け方＝名取 満さん提供

❺特に無いが最近、母屋の棟を越す木は植えないでとの要望を耳にする。
❻植物を専門に扱う職種は造園業しかないので、この植木屋さんという呼び名に誇りを持っていいと思います。しかし、その専門知識の不足している人たちも多くいると思われ、日々の努力が大切だと痛感しています。
❼今、私たちが生活している場所も元は林や草原だった。木を伐り、草を払い、石を動かしながら田畑に住宅地にと変えてきた。そこへ再び山野から木を移し植えても不思議ではない。山野の生態系まで崩す大規模な移植は良くないが、山野の木々を私たちの生活の一部に植え、潤いとして楽しんでも良いと思う。
❽強剪定の街路樹は、行政もしくは植木屋の責任か。昨今の外来樹種の普及により日本固有の種の減少、強いては景観の変化を危惧してしまう。これで良いのか。支柱の取り付け方法について一言。住宅庭園も公共造園と同じでは支柱（鳥居型支柱）ばかり目に付いてしまう。住宅庭園の支柱は最低限にし、目立たぬようにしたい。植木屋の意識向上と誇りを持ちたい。私は新しく庭をつくってもほとんど支柱は用いません。

畑川 篤　梶原造園　山梨県

❶マツ＝建造物が洋風のために合わない。
❷トキワマンサク＝常緑で花が咲く。
❺ザクロ＝我が身を滅ぼす。
❻この職業に誇りを感じます。樹木を植えて育て、管理していきたい。
❼自分たち植木屋、庭師として家のまわりに樹木を植えていきたい。建物に樹木は付き物。

澤路 学　梶原造園　山梨県

❶ツゲ＝若い世代の感性の違い。
❷雑木など自然体な樹形（ヤマボウシ・シャラ）
❻今、環境問題で大切にされる物の一つと考えており、これからも需要は増す。だから一層、専門的知識は必要と受け止めています。

❼身近に自然の美を求め山から街まで移して楽しむが、山野には稀少植物も多く自然破壊にもつながる。本来の意義が薄れている。
❽街路樹の剪定は、本来の樹形を崩してまでする必要があるのか。考え直さないといけない。

宮坂松雄　梶原造園　山梨県

❶ピラカンサ＝生垣に用いたが管理が厄介。
❷ハナミズキ＝花が美しく手が掛からない。
❺カシの木を植えたら必ずセットでカリンを植える。お金のカシカリンの諺。
❻人間生活の中で緑は絶対必要であり、それを日本文化に取り入れて美的感覚と生活を結びつける重要な仕事だと思います。
❼生活空間に自然界の石や樹木を移し、美的感覚と人生観を養うために必要。

鈴木一紀　鈴木緑化土木　山梨県

❶カイズカイブキ・チャボヒバ・シュロ。仕立物は手間が掛かり、場所も取る。最近の住宅には合わない。
❷ヤマボウシ・アオダモ・シマトネリコなど他の雑木類または花が咲く樹種が主流。
❺「イチョウを屋敷に植えるもんじゃない」というが、あまり気にしていない。
❻植木屋さんとは植木を販売する人のことをいい、庭づくりをする人は庭師をいう。でも自分自身を庭師とはなかなかいいづらいし、一般でも植木屋さんと呼ばれるので心の中だけは植木屋じゃなく庭師だと思っている。
❼近年、庭づくりの形が変わってきている。敷地が狭く、住宅の型も変わってきているため、自然風な雑木が主体である。そのため山野で育った雑木は柔らかく形がいい。山の自然がそのまま庭になった気がします。本来、山野から雑木を出すことは自然破壊につながるし、木が可哀相だと思う。自分で山野から出すことはしませんが、販売している雑木を使っているのが現状です。自然風の心がなごむ庭づくりを目指してからが最も難しい問題です。

❽植栽するときに幹巻きや支柱をしますが時期や状況に応じてなるべくやらなようにしている。

原 忠司　文吾林造園　長野県

❺カリン・カシ＝金の貸します借りませんとのいわれがあったが、真意は定かではない。サルスベリ＝忌み木と縁起木の両面あり。ボタン＝西日にあてるな。マキ＝風邪を引かすな。ナンテンに茶殻。カキは植穴に瓦を敷くな。庭にキョウチクトウを植えるな。
❻樹木は生き物、生長するもの。後世に残せるモノづくりを考慮。剪定する枝一本であっても枯らすことあり。
❼防風・防雪＝先人の知恵。
環境＝緑による安らぎ。
四季＝日本人の心として身近に味わいたい。
桜の開花は気候と気温を示し、田植えをする暦であったとか。
❽木は生き物であり、育てる人の気持ちは木に通じる。だから悔いの無いように。

遠藤太一　遠藤庭園創作所　新潟県

❶クロマツ＝バブル経済崩壊後、手間と維持費が高くつくので敬遠された。また、雑木の庭が流行し、クロマツが合わなくなったのではないか。
❷シャラ・ヤマボウシ・サンシュユなど＝花が咲き、季節感があるから。ミツバツツジ・ナツハゼ＝実もつき紅葉も良く、喜ばれる。
❹根元のヒコバエ／だれっ葉(枝)／返し枝
❺アオギリ・イチョウ・スギ＝建物の近くに太りの良い木は土台を持ち上げるので植えてはならない／レンゲツツジ＝子供の頃、山からレンゲツツジを持って帰ると「これは火事花といって家が火事になるから持って来るな」といわれたことがある／ツゲ＝昔は玄関前にツゲを植えると「お告げが来る」、不幸の知らせが来るといわれた。
❻造園屋に就職した昭和四十年頃はお施主さんに「植木屋さん」とか「庭師さん」と呼ばれ会社で金魚も売っていたので金魚屋さんと

もいわれた。でも本来は「庭屋さん」と呼んでもらいたい気持ちです。自分の目指す庭づくり上、植木屋さんでは芸がなく嫌です。
❼自然風な庭づくりをしようとすれば、畑で育てた植木では素性が良すぎて絵にならない。だから山採りものを使う。同じ株立であっても太さが均一な幹では遠近感も繊細さも出ない。まとまりのある庭に仕上げるにはその場所にふさわしい山の木を使いたい。
❽移植において必要以上に大きな根鉢を時々見るが、重くて手間が嵩むだけで良くない。

東　海

鈴木直衛　玄庭園　静岡県

❶特にありません。(樹木にこだわった庭づくりでないのでわからない)
❸沼津地方に伝わる剪定道具は特にないと思います。県西部にはあると思われる。
❹特別な名称はないように思います。
❺東京と同じだと思える。ツゲとマツを一緒に植えない＝ツゲは死の宣告を待つ。
❻生き物である植物を扱うのが我々の仕事の特徴であり、〝植木屋さん〟はそれはそれで良いのではないでしょうか。
❼〝創る＝壊す〟ことだと考えます。作庭も同じだろうと思います。植物の命をより有効に生かし切ってあげる思いがあれば良いのではないでしょうか。

田旗　光　三宝園　静岡県

❶マツ類・ヒバ類＝メンテナンスにコストが嵩み、洋風住宅の増加で不釣合い。
❷ダイスギ＝端整な姿とメンテナンスが意外とローコスト。
コニファー類＝洋風住宅にベストマッチ。
❺ソテツ＝金属が好きで「お金」を喰うから。
イチョウ＝神社やお寺の木というイメージで。
マキ＝位の低い木で屋根より高いと嫌う。
❻当然ですが、木の名前を覚えるだけでも大

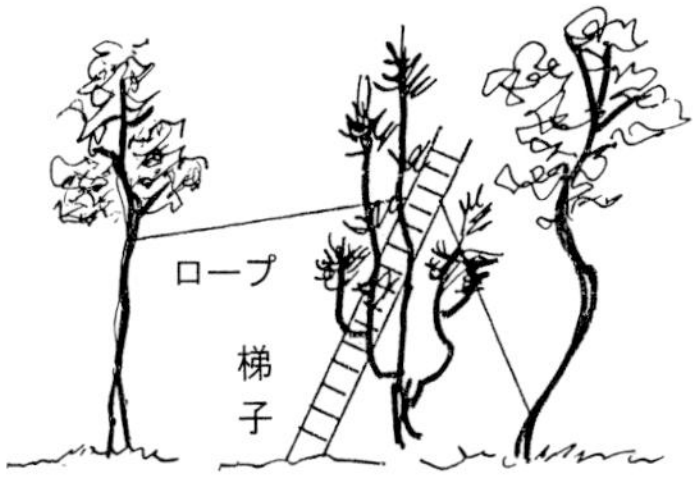

背が高いダイスギなどの剪定は、2連梯子を
2本のロープで吊って梯子を斜めに建てて使う

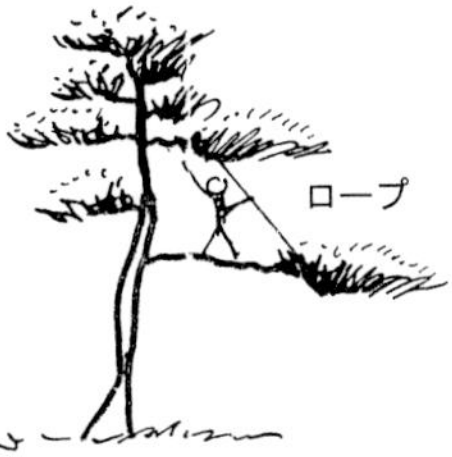

細くて弱い枝の先へ移動する際、
上部の枝や 幹からロープで乗っている枝を吊る

梯子とロープの掛け方＝田旗 光さん提供

変。その上、その特質や剪定方法や管理の仕方、病害虫やその対策など、覚えなくてはならないことは山積し、死ぬまで勉強です。

❼最近の傾向として雑木の庭に使う木も畑で栽培しているようです。自然保護の意味でも理解していますが、栽培品は株立の幹の太さが一定で野趣が足りません。より確かな風情を求めるなら山採りの木を求めてしまいます。

❽日本庭園らしい作庭が激減し、大変に残念。剪定の技やノウハウを一堂に集めた専門書を発刊されることは意義深いことです。

木下 薫　Landscape worker　**薫風**　静岡県

❷マツ・マキ・ヒバ・キャラボク・ツゲなどの仕立て物が主流。その後に雑木が注目され、新規の庭には必ずといえるほどヤマボウシ・モミジ・カシ・エゴが植えられる。

❻樹木の持っている表情、それは樹形であったり、葉の色、形でありさまざまですが、そんなものに心を惹かれる。それを身近に置き、

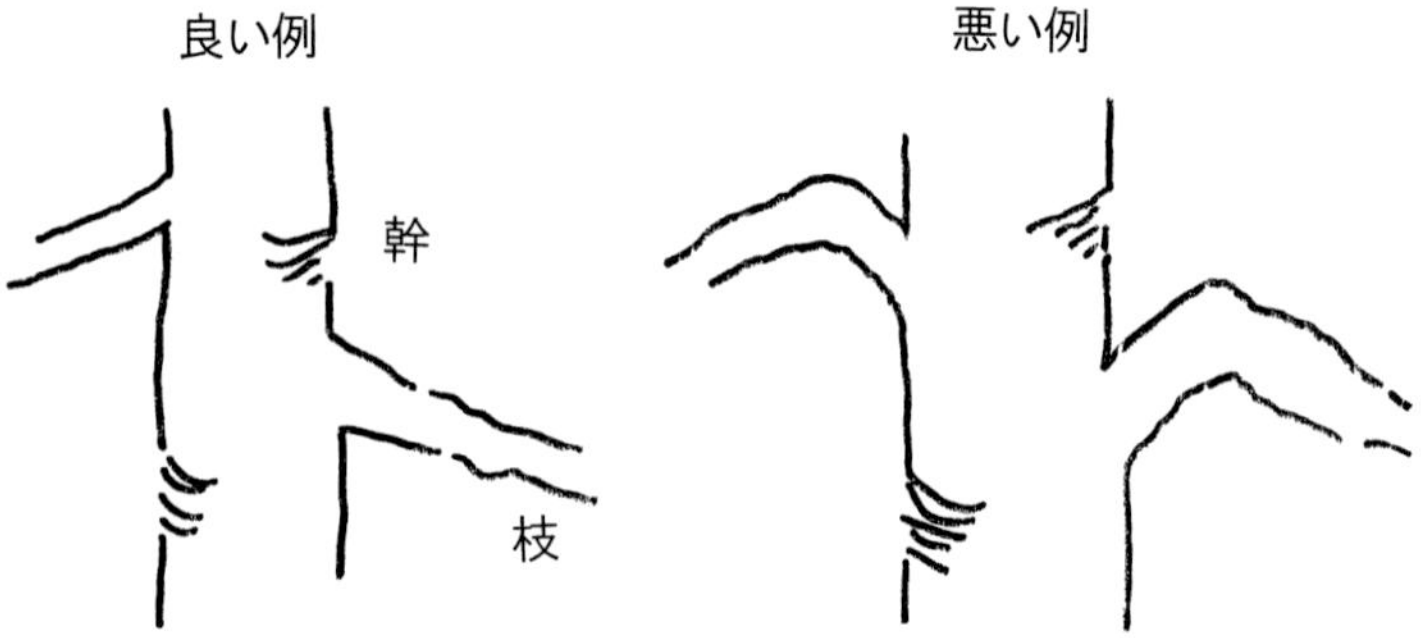

枝の良否＝田旗 光さん提供

感受したいのでしょう。緑無くして人は生きられないといっても過言ではないでしょう。そんな樹木たちを人々のより身近に植えたり面倒をみてやれるのは我々庭師たちです。ここを確認して心して仕事に当たりたい。

❼本来、山野にあるべき樹木たちを身近に感じたいと思うが故に所構わず悪条件の下に植えられる木にしてみれば迷惑この上ないことだと思います。実際、街路樹などの仕事に携わってみて、とても根の張れるような環境でない場所に無理遣り植え込まれ、必死で生きている樹木を見ると可哀相でなりません。

私たちに恩恵を与え、緑を見て心が癒され、清々しい気持ちにさせてくれる。また、二酸化炭素を吸収し、酸素を放出してくれる。そんな樹木たちを庭木に、そして公共の場に扱う意義は大きいです。

故に我々庭師たちは樹木をよりよい環境の下に植え、見守ってやるべきです。

緑西会　作庭グループ　愛知県

❶カイズカイブキ・セイヨウアカメ・ホンアカメ・クロマツ、ウバメガシ、マキなどの仕立物＝建築様式の変化と管理費の高騰が原因。☆コスト削減を理由に電動バリカンなどの機械を使って刈込みをする業者が増え、樹形が乱れ（先祖がえり？）見苦しい生垣になり益々マイナスイメージが定着してしまった。

❷自然樹形＝イロハモミジ・ハイノキ・アオダモ・クロソヨゴ／花が咲く木＝ハナミズキ・ヤマボウシ・ツリバナ・アズキナシ／紅葉する木＝最近はフォレストパンシー・セイヨウハナズオウ（ノムラモミジのような色）・セイヨウコデマリ・ニューセイラン。

❹ホヤ＝ひこばえ、やご

❺ビワ＝病人が増える／シキビ・サカキ＝縁起が悪い／ザクロ＝実がはぜる／ヤツデ＝湿気がこもる。

❻三河地方では植木屋といえば生産者だと受け止めています。「植木屋さん」とお客さまから呼ばれると「私は庭師です」といい返す職人も少なくありません。

❼十五年前から盛んに雑木を扱い出した先人がいました。

そのために自然風な庭を好むお客さまが増えたこともあります。

人工的な仕立物と違い、どれとして同じ樹形がない山出しの魅力にはつくり手のみならず、誰でもその姿に美しさと癒しを感じるからでしょう。

❽移植については地域の気候によって異なりますが、三河地方では〝二月の捨て松〟というほどマツの移植は二月に行なえば大丈夫だというのが定着しています。

たぶん旧暦を指し今では三月が適期ではないでしょうか。また、ミカン・カキ・フジは適期は根を切らない。サルスベリは落葉樹だが、冬期の移植は難しい。夏期の移植も可能だがどちらかといえば霜の降りる冬期が一番難しいと考えられる。

北陸

本田 壽　ピーエヌシー工業　石川県

❶ドラセナ・ユッカラン・ヒマラヤスギ＝一九七〇年前後に南欧風の住宅ブームが起こり、盛んに使われたが、現在は北欧風、カナダ風の外観スタイルの住宅が日本家屋に次いで人気があるようだ。ユッカランは棘があり避けられている。ヒヨクヒバ（石川県ではスイリュウヒバ）＝広い敷地に建つ和風住宅の庭の中で多品種の樹木の中の一本として選ばれたが、今は狭い庭となったために次第に忘れられた。

❷ハナミズキ・ヤマボウシ・ナツツバキ（シャラ）＝ガクに相当する紅色は鮮やかで開花が長く楽しめる。ヤマボウシ・ナツツバキ＝狭い敷地でも場所を取らない。

❸剪定鋏は果樹園農家より普及。刈込み鋏は北陸地方が豪雪地帯のため、低灌木の寄植えの刈込み手法は少ないため戦後になって普及したと思われる。二十年程前から高枝切り鋏が流通してきた。脚立は三十年程前から長野、青森のリンゴ園農家で使う軽量丸パイプ鉄製のものが流行し、最近はアルミ製が主流。

❹中枝＝懐枝の意。閂枝（かんぬきえだ）＝車枝の中に含まれる。ズワイ＝やごの意。トビエダ＝交差枝、胴吹きの意。ダリ＝逆さ枝の意。

❺一般的だが、茶庭には花の目立たないものを植えることと守られてきたが、最近では施主と相談の上で植えることがある。トベラは根部に一種の臭気があるので嫌われることがある。シキミは寺院や墓地に植えることが多く、家庭に植える場合、施主の了解を得るようにしている。

❻植木屋↓花卉園芸を含まず、レンガ・タイル・アルミやスチール素材・フェンス工事はしなくて木や石を扱い庭をつくる。剪定及び雪吊りなど年間管理をする業者を指す。

住宅建築

a monthly journal for home builders and desingners

創刊30周年
謝恩キャンペーン実施!

実施期間:
2005年7月1日～
2006年6月30日(1年間)

定価 2,450円
毎月1日発売

住宅建築 別冊

スチールハウス	定価3,980円
住宅設計作法	定価3,980円
バリアフリー住宅	定価3,980円
現代住宅の設計	定価3,980円
集まって住む形	定価3,980円
住まいの風姿体	定価3,980円
民家型構法の家づくり	定価3,980円
民家は甦る	定価3,980円
モダン茶室	定価3,980円
風景の棲みごこちを愉しむ	定価3,980円
住居を詳細で考える	定価3,980円

CONFORT

インテリア・デザイン・建築を結ぶ[隔月刊コンフォルト]

創刊15周年
謝恩キャンペーン実施!

実施期間:
2005年7月5日～
2006年7月4日(1年間)

定価 1,600円
奇数月5日発売

CONFORT 増刊・別冊

あかり	定価2,200円
図説・日本の「間取り」	定価2,200円
日本人の椅子	定価2,300円
新版 素材・建材ハンドブック	定価2,000円
にっぽん家事録	定価2,200円
ジャパニーズ　チェア	定価2,000円
Design it yourself!	定価2,200円
freestyle reform	定価2,000円
土と左官の本	定価2,200円
土と左官の本2	定価2,000円
土と左官の本3	定価2,200円

庭 NIWA THE GARDEN

LANDSCAPE ARCHITECTURE

定価 2,940円
奇数月1日発売

庭 増刊

岩城亘太郎作庭90年	定価3,262円
日本の庭園美	定価3,262円
茶の庭・住まいの庭	定価3,570円
日本の庭の魅力	定価3,570円
華麗と数寄の庭	定価3,570円
現代庭園の造形美	定価3,570円
美しい庭・心いやす庭	定価3,570円
小庭の心と技	定価2,940円

●定期購読のお申し込み、およびキャンペーンの詳細については、下記ホームページをご覧下さい。

建築資料研究社　出版部

〒171-0014 東京都豊島区池袋2-72-1 日建学院2号館
TEL.03-3986-3239 FAX.03-3987-3256
http://www.ksknet.co.jp/book

建築ライブラリー

①保存と創造をむすぶ	定価2,415円
②ライト、アールトへの旅	定価2,520円
③数寄屋ノート 二十章	定価2,940円
④建築構法の変革	定価2,520円
⑤住まいを読む	定価2,415円
⑥京都	定価2,940円
⑦A・レーモンドの住宅物語	定価2,625円
⑧裸の建築家	定価2,625円
⑨集落探訪	定価3,045円
⑩有機的建築の発想	定価3,045円
⑪建築家・休兵衛	定価2,520円
⑫住まいを語る	定価2,730円
⑬職人が語る「木の技」	定価2,520円
⑭2100年庭園曼荼羅都市	定価2,520円
⑮私のすまいろん	定価2,415円
⑯近代建築を記憶する	定価2,940円

以後続刊

新　刊

近代建築を記憶する	定価2,940円
電通本社ビル	定価2,940円
「建築」を学ぶためのPERFECTガイド2006	定価1,995円
住宅建築別冊・59「住宅の再生」	定価3,980円

コンフォルト・ライブラリィ

①室内学入門〈品切〉	定価2,039円
②図解インテリア・ワードブック	定価2,039円
③原色インテリア木材ブック	定価2,447円
④京都の意匠	定価2,520円
⑤京都の意匠Ⅱ	定価2,520円
⑥台所空間学〈摘録版〉	定価2,520円
⑦初めての茶室	定価2,520円
⑧家づくりの極意	定価2,520円
⑨照明[あかり]の設計	定価2,520円

村野藤吾のデザイン・エッセンス

全8巻　定価各2,940円

①伝統の昇華　②動線の美学　③外の装い　④内の装い
⑤装飾の躍動　⑥自然との交歓　⑦空への輪郭　⑧点景の演出

和風建築シリーズ

全8巻　定価各5,040円

①床の間　②門　③茶室　④玄関
⑤外壁の意匠　⑥屋根　⑦座敷　⑧和風の装飾

ガーデンテクニカルシリーズ

定価各1,470円

①飛石・敷石作法　②石積作法　③蹲踞（つくばい）作法
④垣根・土塀作法　⑤石組作法

以後続刊

お申し込み方法

■全国の書店にてお申し込み下さい。（店頭にない場合、取り寄せていただけます）

■直接お申し込みいただくこともできます。代金引替【本代+送料一律600円】

・直接小社へお申し込み下さい。
TEL:03-3986-3239　FAX:03-3987-3256

・インターネットでもご注文承ります。
http://www.ksknet.co.jp/book

建築設計資料　　現代建築のビルディングタイプを全て網羅!

1 低層集合住宅
2 体育館・スポーツ施設
3 老人の住環境
4 オフィスビル
5 地方博物館・資料館
6 保養・研修・野外教育施設
7 図書館
8 複合商業建築
9 コミュニティーセンター
10 保育園・幼稚園
11 病院
12 工場・倉庫
13 美術館
14 心身障害者福祉施設
15 中・高層集合住宅
16 学校ー小学校・中学校・高等学校
17 歩行者空間
18 劇場・ホール
19 店舗併用住宅ー商住建築
20 地域産業振興のための施設
21 新しいオフィスビル
22 保健・健康施設
23 ペンション・ロッジ
24 シティホテル
25 スポーツクラブ
26 リゾートホテル
27 研究所
28 記念展示館
29 アーバンスモールビルー商業編
30 保養所
31 温泉・クアハウス
32 賃貸マンション
33 アーバンスモールビルーオフィス編
34 老人ホーム
35 庁舎
36 教会建築
37 社宅・寮
38 精神医療・保健施設
39 公衆トイレ
40 木造の教育施設
41 体育館・武道場・屋内プール
42 地方博物館・資料館2
43 図書館2
44 植物園・温室・緑化関連施設
45 保存・再生
46 葬斎場・納骨堂
47 建築家のアトリエ・事務所
48 コンサートホール
49 美術館2
50 集合住宅のメンテナンスとリニューアル
51 保育園・幼稚園2
52 地域防災施設
53 道の駅
54 公共の宿
55 高齢者・障害者の住宅
56 専門学校・専門校
57 地域福祉施設
58 地域の複合文化施設
59 シティホテル2
60 構造計画
61 木構造
62 自社ビル
63 演劇の劇場
64 地域の駅
65 公共住宅 建て替え
66 老人保健施設・ケアハウス
67 学校2ー小学校・中学校・高等学校
68 アーバンスモールハウジング
69 現代建築の改修・刷新
70 コミュニティーセンター2
71 特別養護老人ホーム
72 病院2
73 寺院建築
74 公園内施設
75 木造の医療・保健・福祉施設
76 児童館・児童文化活動施設
77 工場・倉庫2
78 研修センター
79 清掃工場・リサイクル関連施設
80 グループホーム
81 旅館
82 温泉・クアハウス2
83 ホスピス・緩和ケア病棟
84 店舗併用住宅ー商住建築2
85 屋上緑化・壁面緑化
86 町のギャラリー
87 低層集合住宅2
88 拡張型博物館
89 消防署
90 診療所
91 保育園・幼稚園3
92 盲・聾・養護学校
93 高齢者のグループホーム
94 障害者の地域活動拠点
95 環境共生建築
96 コーポラティブハウス
97 図書館3
98 用途変更
99 ケアハウス・有料老人ホーム
100 OMソーラーの建築
101 S I 住宅
102 美術館3

以後続刊

1～60　定価3,975円
但し、35は　定価3,680円
61～　定価3,990円

株式会社建築資料研究社

出版案内

2005.8
価格は全て税込

法　令

■基本建築基準法関係法令集
建築試験場持込可

・唯一のタテ・2段組・2色刷法令集
・建築基準法・都市計画法改正、最新・完全収録版!
・平成16年12月施行の新法「景観法」の主要条文を抄録!

定価2,940円
1月発売

■建設業者のための施工管理関係法令集

・現場実務向け、イラスト解説法令集
・建設実務・施工管理に関する法令を網羅

定価3,150円
2月発売

建築士受験

1級建築士合格のための
問題と解説シリーズ(全4冊)
①計画編 ②法規編 ③構造編 ④施工編

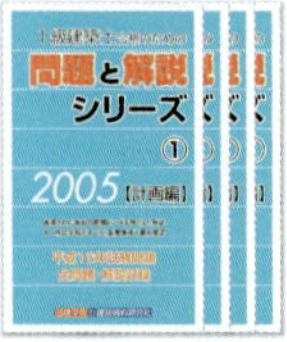

定価各1,575円

1級建築士合格のための
重要事項のまとめ

定価2,100円

2級建築士合格のための
問題と解説

定価2,100円

2級建築士合格のための
重要事項のまとめ

定価2,100円

積算ポケット手帳

■前期編

定価 3,000円
12月発売

■後期編

定価 3,000円
6月発売

■外廻り工事編

定価 3,570円
12月発売

■設備編

定価 3,570円
12月発売

■リフォームハンドブック2005

定価3,360円

■防犯・防災ハンドブック

定価2,940円

■インポートデザインハンドブック2005

定価3,360円

■店舗デザインハンドブック2005

定価2,940円

造園業(○○造園建設)→ガーデニング手法をこなし、花壇と木柵、ウッドデッキ、カラフルな床材(インターロッキング敷き)を主な業務内容とし、一般土木工事もできる。

❼自然に自生している珍しい樹木を日常生活圏に持ち込むことは植物園やある目的を持った公園で十分だと日頃考えている。近年は映像による植物観察も進み、家庭内でもインターネットでキャッチできる時代となった。歴史的には珍しい樹木を身近に植えて楽しんだのは特権階級や商人が庭を保有したことと一致している。最近では許される限り山野の樹木や草花を入手できる。今後は健康維持のためにもアウトドアレクリエーションを兼ねて、山野を訪れるのも良い。それぞれの土地や微気象に育った瑞々しい樹木を見ることが将来の造園鑑賞の一つといえる。

圃場で山採りした樹木を管理栽培したものなら市場に拡大するのも良い。無理な珍品稀少種を収集することは避けたい。英国では道端の草木すら採集することも法律で禁じている。

❽金沢ではマツの移植時の客土は通称「赤土」と呼び、山砂系で赤褐色の浜砂より細かい粒子状の「御所土」もしくは「小池(おいけ)土」を昔から使っている。

色合いこそ違うが関東の黒ボクに近い粒子を考えられる。この客土はすべての造園工事に使われるが、私の経験から判断すると急生長を望まず、肥料効果も遅くなり、散水時には特別の給水孔を備えない限り、根には水分が届かないと思われる。

以上のことがマツ系の生長を緩やかにし、節間の短い、スリムな形態になると考えられる。すなわちマツの育成にベストな客土といえる。しかしマツ以外の樹木(マキ・モッコク・ツバキ・その他)は早く生長して欲しいと判断すれば部分的に土壌改良剤を使用することにより、目的とするバランスの取れた樹木生長を狙うことができると思われる。

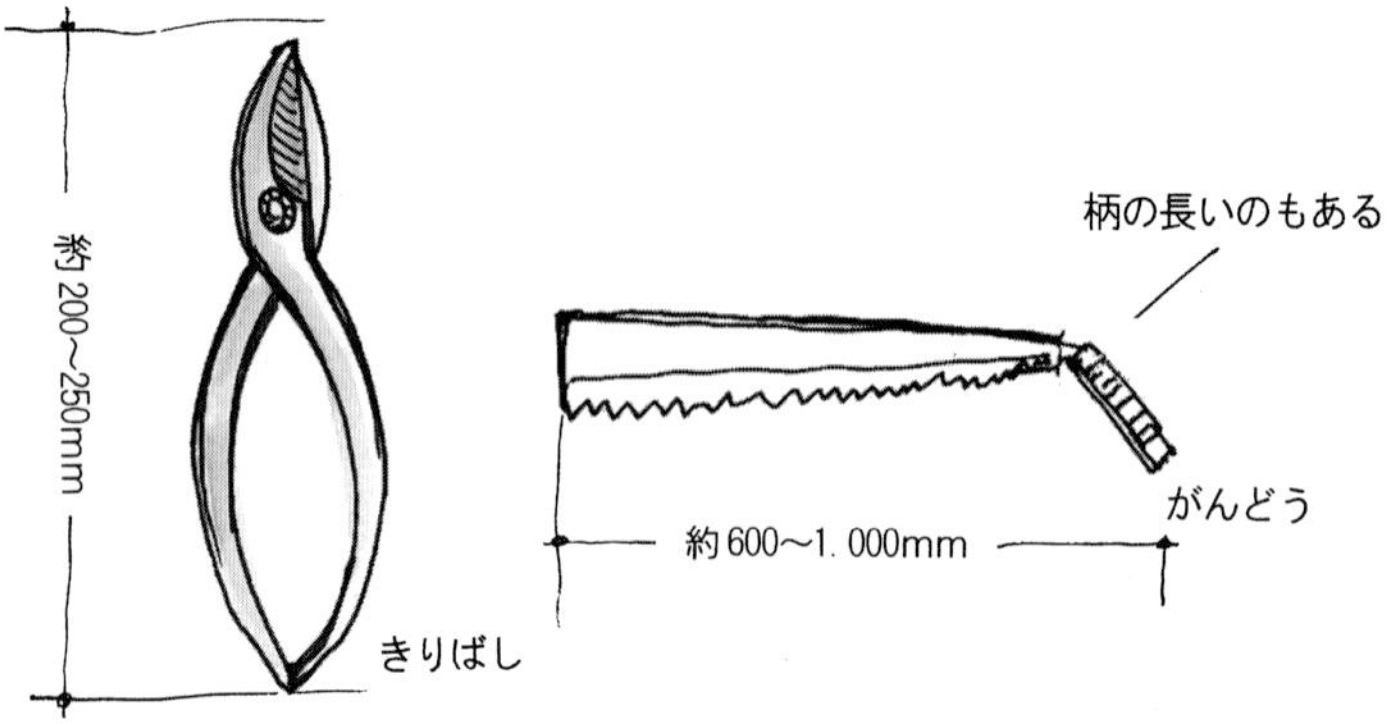
約200〜250mm
きりばし
柄の長いのもある
がんどう
約600〜1.000mm

京都に伝わる剪定道具＝猪鼻昌司さん提供

近畿

猪鼻昌司　いのはな夢創園　京都府

❶マツ＝マツ枯病の蔓延と剪定に経済的負担が掛かることで激減。

❷ヤマボウシ・ハナミズキ・ソヨゴ・シマトネリコ＝単植でも絵になり、四季を映すから。

❺茶庭にクチナシ・ジンチョウゲなど花の香りが強い木は植えません。

　魚がいる池の周囲には毒のあるアシビもしかり。庭発祥の地、京都では個人のこだわりは別として、樹種的な禁忌は特にないように思えます。

❻素人にはわからない木や石の裏表、その配置は一種の芸術的な職業と異業種からは思われているのも事実です。

　木の移植、剪定、病害虫、どれも一生を懸けて研究していくのに値する仕事です。それらを全部こなしているのですから、植木屋とは本当に素晴らしい仕事です。私もお得意さ

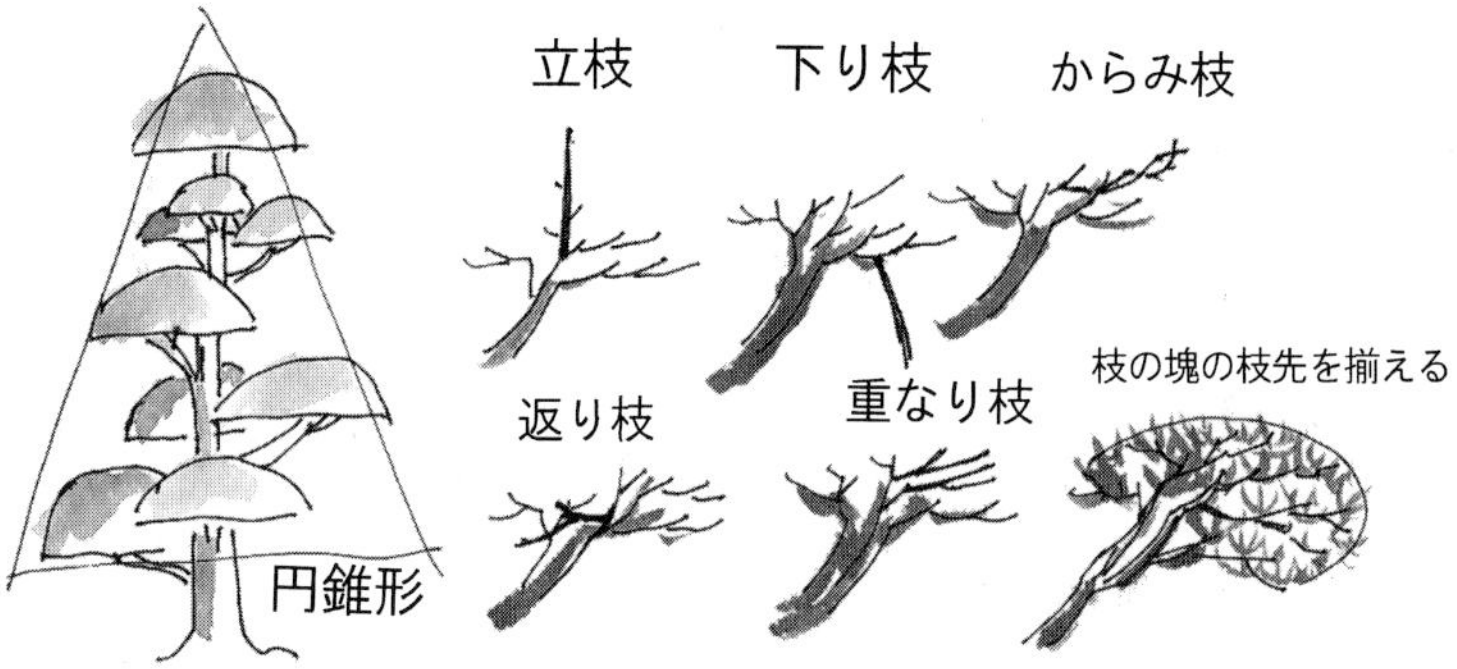
立枝
下り枝
からみ枝
枝の塊の枝先を揃える
返り枝
重なり枝
円錐形

京都の伝統的庭木づくりを分類＝猪鼻昌司さん提供

んには「植木屋のいのはなです」と必ずそういって電話をかけます。

❼人間はたかだか千年、二千年前までは森の中で暮らしていました。その記憶があるためか、今でも小さな草花に囲まれているより大きな木々の見える、またはその間に居ることを求めたがります。そのほうがより自然に抱かれているように感じるのでしょう。

太い幹、大きく延ばした枝葉には長い年月を風雪に耐えてきたという尊敬の念が湧いてきます。それを芸術的といわれるまでにつくり上げた樹形、これも自然を手本として凝縮したものです。

森に抱かれたいと誰でも思います。予算の多少により木の本数は違ってきますが、最近の雑木の流行があるのも根本はそこにあるのではないでしょうか。

❽現代において仕事とは完全、完璧を限りなく追い求めるものですが植栽を含めた庭づくりだけは違います。

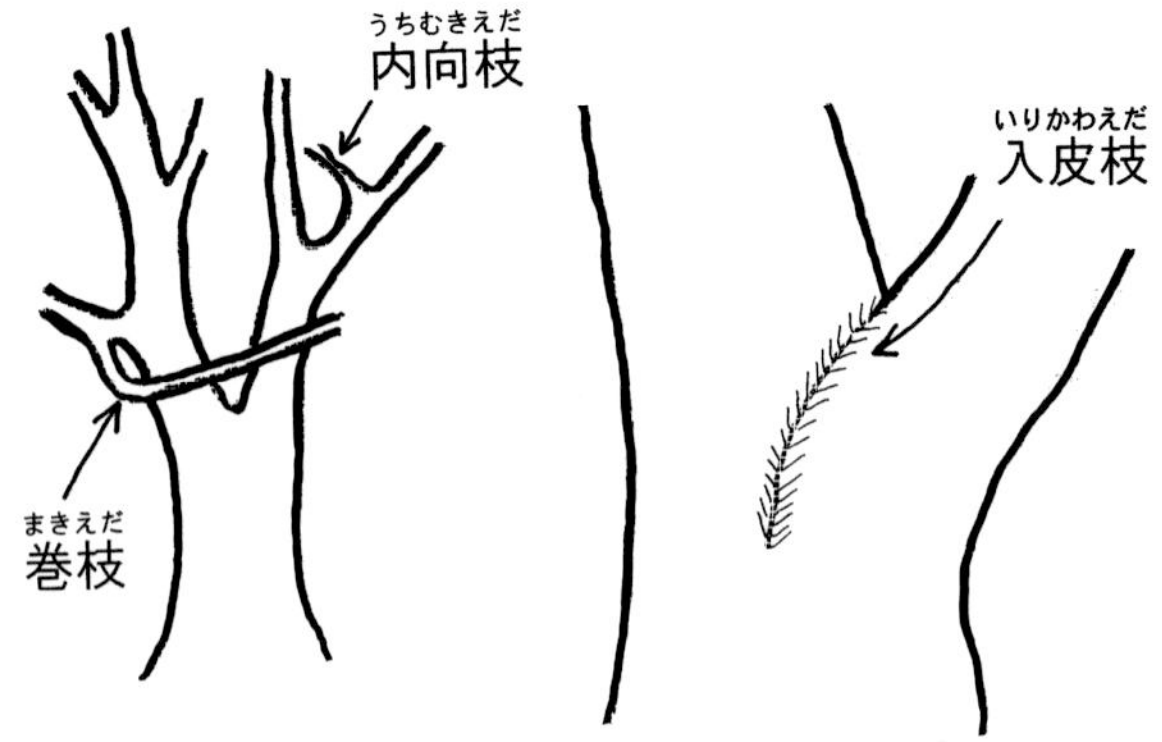

剪定すべき枝の名称＝岡谷善博さん提供

整枝・剪定も植栽も人によって違っています。ファジー、もちろん基本はありますが、あとはその人次第の「いい加減」という言葉が通用する貴重な職業です。土木業界で多くの発明の特許を持っておられる方が「ファジーこそ次世代のコンピューターの目標」であると。

岡谷善博　岡谷造園　和歌山県

❶クロマツ・ウバメガシ・ツゲ・カイズカイブキなどの仕立木＝人工的な樹形は現代人に好まれない。

❷カシ・ソヨゴ・エゴノキ・ベニバナトチや花木類などで自然樹形＝枝葉が風に揺れ、風情があり伸びやかだから。

❺和歌山は暖かく、コナラやハウチワカエデは落葉せず、枯木のようで植えません。サクラ・サザンカは害虫（毛虫）がつきやすく嫌う人も多かったが、昔から比べて樹種の制約は減りました。

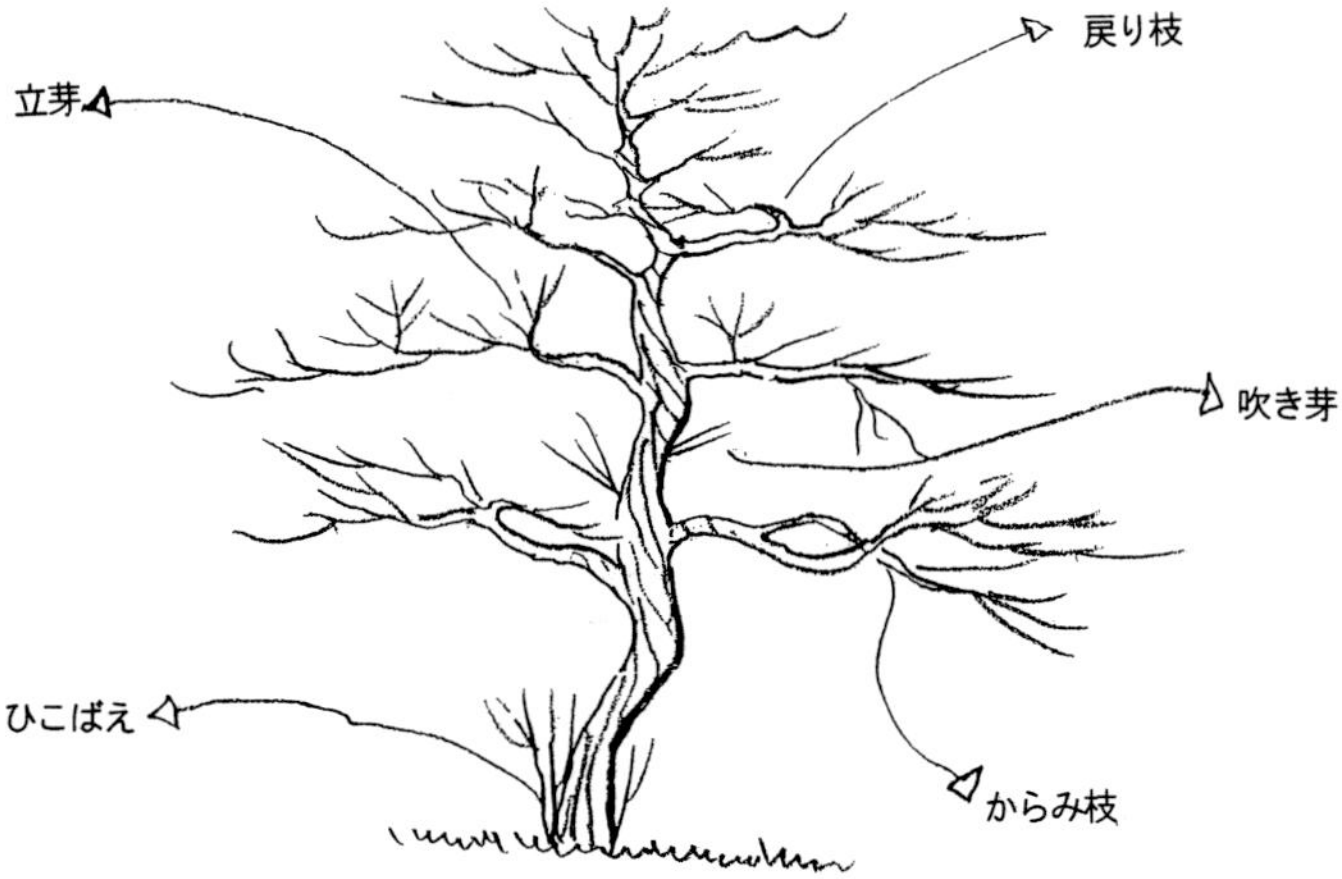

剪定すべき枝の名称＝大北 望さん提供

❻人間より遥かに永い寿命の樹木ですが、誤った剪定はその寿命を縮め、樹形も損ないます。心の拠りどころにしている大切な樹木をともに生きる生き物として扱う職業に誇りがあります。

❼目的と意義はあくまでも人間の都合ですが、その樹種に合わない環境や管理（コストや技術面）が悪いケースも多い。育苗した木も山採りの木も尊い命であることを忘れている。

山採りの木は野趣にあふれ、植え付け直後でも雰囲気が出せるが、生育環境を考えないと数年で樹形は荒れます。反対に苗木でも植生環境（気候と土壌）を考えれば数年で良い雰囲気は出せます。

❽昨年の台風による塩害で多くの樹木が被害に遭いました。特にひどいのは強剪定をした直後の樹木です。

強剪定は枝先の強い芽（生長点）が切り落とされ、葉が塩で水分を吸収され樹勢が衰え枯死するケースが多いのです。

最近の脚立はアルミ製だが
昔は木製の脚立で「馬」と
呼ばれていた
天端に上がることができ、
アルミ製より重く、安定性
があった

脚立の使い方＝大北 望さん提供

大北 望　大北美松園　兵庫県

❶カイズカイブキ・ツゲ・マツ・ウバメガシ・クロガネモチ・ヒラドツツジ・サツキ＝すべて刈込み物で管理の手間が掛かる上、形が一定で面白さ、自由さが無い。

❷ヤマボウシ・アオダモ・アオハダ・カマツカ・モミジ・ソヨゴ＝自然樹形が美しく伸びやかである。

❺住宅の屋根より高い木は植えるな。果樹(カキ・モモ・イチジク)を屋敷内に植えるな。

❻樹木の名称、特徴、樹形、生長度、適地、移植適期、さらに高木から下草まで品種の数量は無限大であり、これらを熟知するだけで一生涯かかる。すべて日本の自然と風土に密接な関係があり、この知識は博士に等しく、日常茶飯事に熟す植木屋さんに称賛あれ。

❼私は住宅の庭を作庭するとき、その場所には以前から森や林が存在し、住宅を建てるにあたり、その部分の樹木を撤去するという考え方をする場合が多々ある。更地の上に植栽

アメリカ・アリゾナ州では、植物は〝物〟としての扱いを受ける＝大北 望さん提供

を考えるのではなく、元々ここに存在した森や林を整備するという気持ち（あくまで考え方）です。こうすることで周辺の山や森、林と植生とが合致し、風景として大きく捉えることができる。

❽樹木の移植について

近年、高木（樹高三メートル位まで）、中木、低木、グランドカバーなどで布製や強化紙製、ビニール製のポットに植え付けられた樹木を多く見かけるようになった。掘取りの際、根巻きは要らず、移植時期も問わず、以前の菰《こも》と荒縄での根巻きが少なくなった。今後、植木職の独自性ある〝根巻き〟技術は忘れ去られ幻となってしまうのか。日本民族は農耕民族。稲作の民族であり、米の収穫後の稲藁もいろいろな材料となり利用されてきた。また稲藁は植木屋にとって一番身近で馴染み深い素材であったはず。荒縄での根巻きや枝縛りは滑らず締めすぎず、人力と比例した最も優れた材料だと思う。また優れたエコ材料でもある。

最近はほとんどアルミ製に替わる
銅線で縛る
トショウと呼ぶ丸太
竹

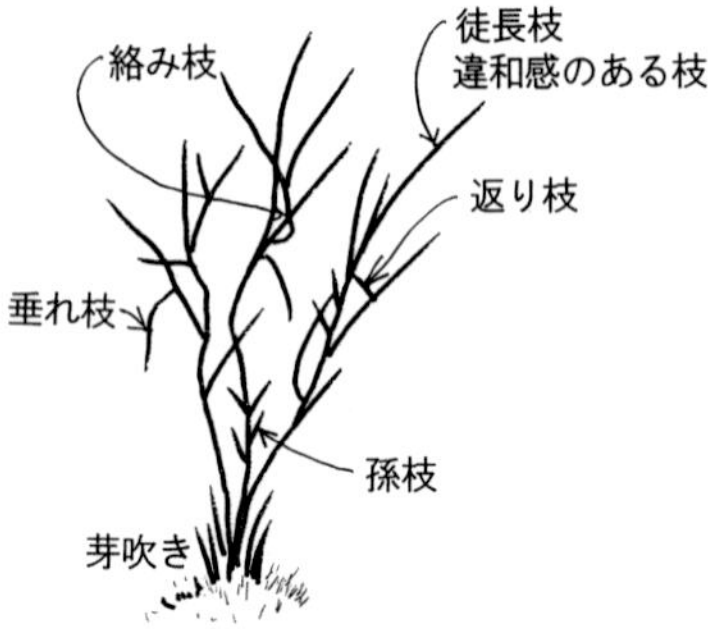
徒長枝
違和感のある枝
絡み枝
返り枝
垂れ枝
孫枝
芽吹き

脚立の図と剪定すべき枝の名称＝倭 年男さん提供

中国

三宅秀俊　**三樹園**　岡山県

❶カヤ・モミ・タラヨウ・ゴヨウマツ・クロガネモチ・門冠りのマツ・カイズカイブキ・ウバメガシ。

❷コニファー系と雑木類＝全体に柔らかく、重厚な住宅から軽妙な住宅と変わったため。

❺ゴヨウマツ＝後家さんになる。地域差あり。

❻現代は輸送方法と薬品によって移植時期に関係なく植えられる。昔と比べて樹木との関わり方が異なってきたように思えます。

❼山野で見た状態を良しとし、より身近に似た景観をつくりたい。盆栽も同じと思う。

❽樹種によって刃物を嫌うものがある。例えばモミジなどは手で折れる程度の枝は鋏は用いません。

そのほうが年月が経つと自然に朽ちたように感じる。

倭　年男　やまと庭苑　岡山県

❶カイズカイブキとウバメガシの段造り、マツの上物、玉物。
❷シマトネリコ・アオダモ・モミジ
❺フジは根を張る＝不治の病
実のなる木は植えない。
サクラは植えない。（院の匠）
❻深く考えたこともありません。
❼生きた絵画として捉える。自然をより身近に感じ心のケアに役立つ。一世一代ではできない自然の力を身近に感じたい。
❽より自然にと思うが、手を掛けることで不自然になっていく。小さな自然をより確かな自然にと植木屋さんは模索するべきです。

田中政則　田中造園　広島県

❶カイズカイブキ＝スギ葉が出る、切り返しが効かない。
ツゲ（段ツゲ）＝仕立物で使いにくい。
❷シマトネリコ・ハイノキ＝常緑で樹形が柔らかい。
❺ツバキ＝首が落ちるので良くない。
屋根より高く伸びる木は好まない＝家主より大きくなると、家主が負けるから。陰になって部屋が暗くなる。雨樋に葉が溜まる。
❻植木屋だと剪定屋さんのイメージ。「モノづくり」とは見てもらえない。剪定と管理のイメージが強い。
❼養生物では表せない樹形、その木本来の特性を見せることができる。
人工的ではあるが、より自然に近づいた雰囲気が出せる。山に生えていたように植え、自然淘汰を学べる。

我々職人の技量、知識を確認できてよい教材。施主さんに自然の心地良さを感じてもらえる。
❽植栽では方向と樹種などに疑問がある。住宅では支柱を公共式に使うと美観を損なう。
私の地域では年間、数ヶ月は剪定をしている。植えている土地柄や剪定時期、日照条件

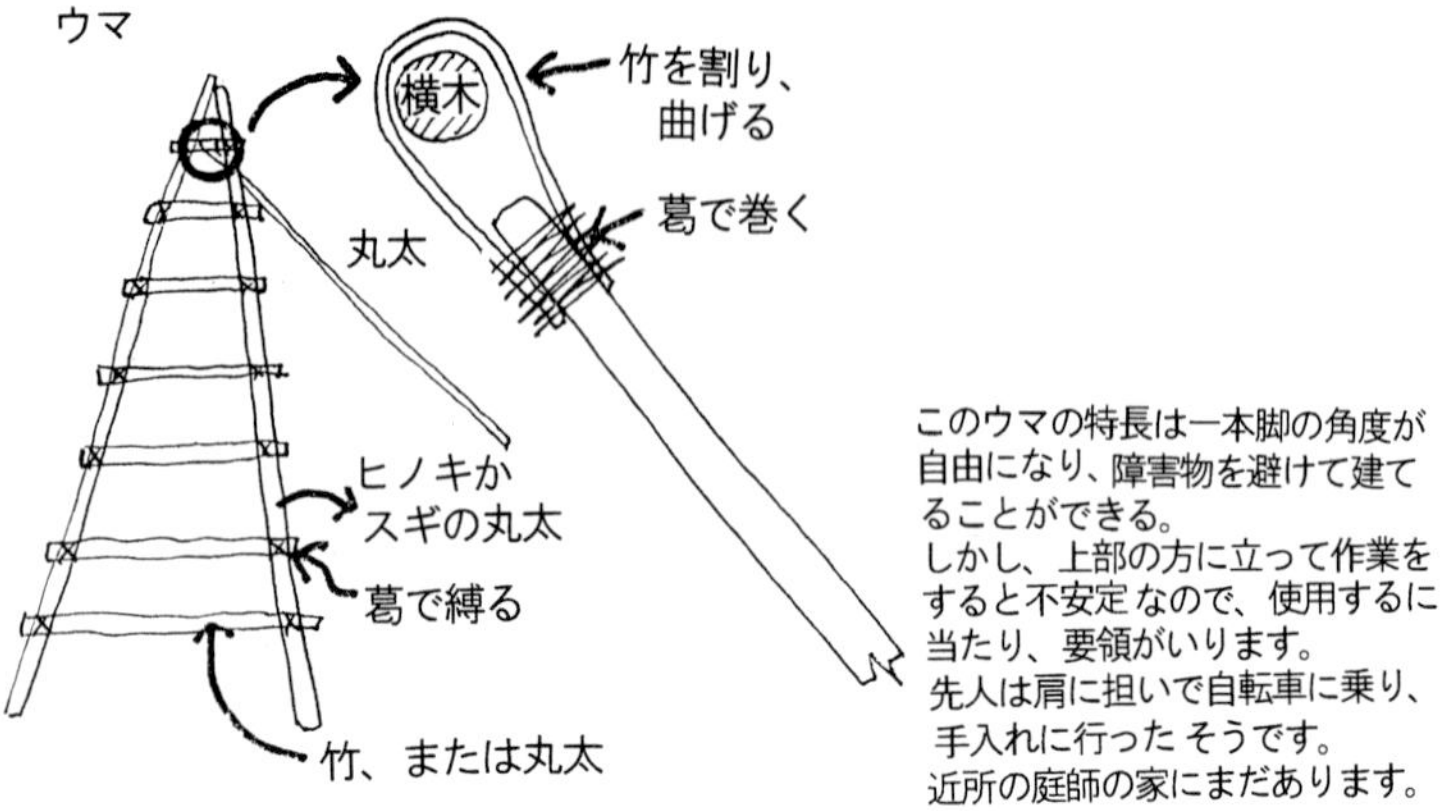
ウマ
横木
竹を割り、
曲げる
葛で巻く
丸太
ヒノキか
スギの丸太
葛で縛る
竹、または丸太
このウマの特長は一本脚の角度が
自由になり、障害物を避けて建て
ることができる。
しかし、上部の方に立って作業を
すると不安定なので、使用するに
当たり、要領がいります。
先人は肩に担いで自転車に乗り、
手入れに行ったそうです。
近所の庭師の家にまだあります。

脚立詳細図＝村田卓雄さん提供

などを考えた上での鋏の入れ方に疑問を感じる。条件の違いを考慮せずに同じように切っては木は美しく育たない。樹形で「見せたい」とか威張った植え方では周囲と合わない。

村田卓雄　ムラタ造園　広島県

❶ウバメガシの株立風仕立物＝刈込みにコストが高くなり経済的負担が大きいから。

❷自然木、特に山採りした株立物＝アオダモ・アオハダ類は樹形が綺麗で生長が遅く、剪定管理が要らない。

❺屋根より高く延びる木は植えるなと聞きますが実際はマツやモミを植え、競っているようにも見えます。家の近くにはビワの木を植えるな＝家が暗くなるからでしょうか。

❻一般に庭木の剪定を主な仕事にしている人を植木屋さんといいます。

三、四十年前まではほとんどこのような方々だったのではないでしょうか。その中で一部の人が庭師といわれ、作庭をしていまし

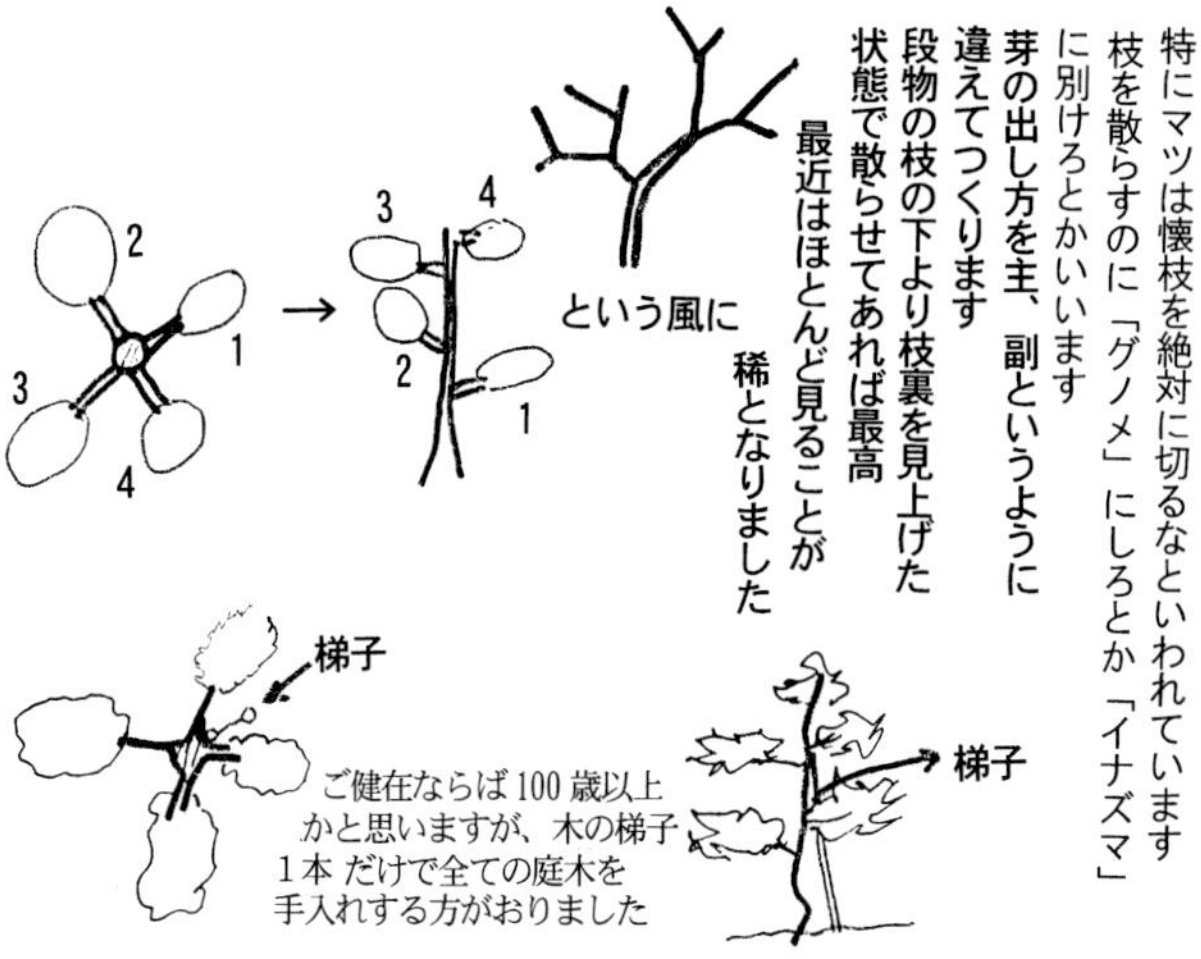
特にマツは懐枝を絶対に切るなといわれています
枝を散らすのに「グノメ」にしろとか「イナズマ」
に別けろとかいいます
芽の出し方を主、副というように
違えてつくります
段物の枝の下より枝裏を見上げた
状態で散らせてあれば最高
最近はほとんど見ることが
稀となりました
2
1
3
4
3
4
2
1
という風に
梯子
ご健在ならば100歳以上
かと思いますが、木の梯子
1本 だけで全ての庭木を
手入れする方がおりました
梯子

剪定手法の図＝村田卓雄さん提供

た。

植木屋さんは農業と兼業の方が多かったようです。今でも植木屋さんと呼ばれている人は、庭木生産者が多いです。卸しも小売りもする状況です。

❼木を生産している以外、周辺にはほとんど木はありません。

現在は山野にある木々、生産品の木々で植えたい樹種であればどこからでも良いと思っています。

山野から選ぶにはその木本来の姿であり、人々の創造し得る以上の姿、形であるように見ています。

それは何が魅力であり、人々を惹きつけるのでしょう。（すべての木がそうとは限りません）

❽住宅の庭を作庭する際、常緑樹と落葉樹の比率を一定にしています。

二対八とか三対七というように落葉樹を多く使います。なぜかといえば、四季の中で庭

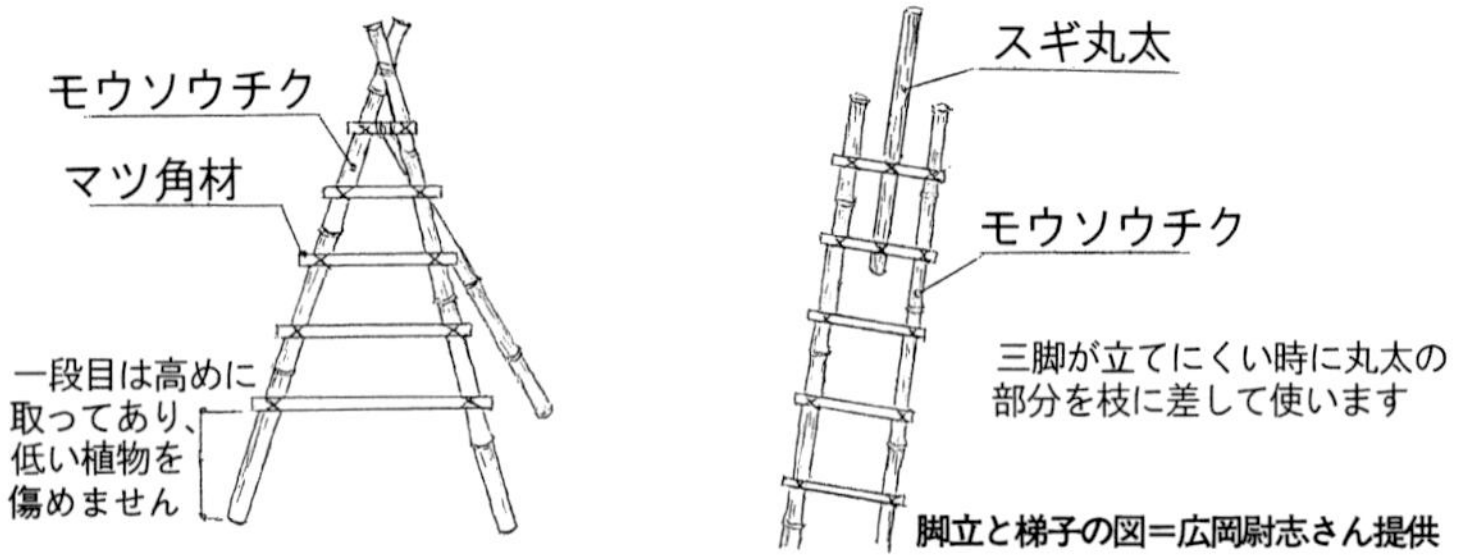
モウソウチク
マツ角材
一段目は高めに
取ってあり、
低い植物を
傷めません
スギ丸太
モウソウチク
三脚が立てにくい時に丸太の
部分を枝に差して使います
脚立と梯子の図＝広岡尉志さん提供

木に変化を持たせるのと手間を掛けずに年中、美しい状態を見るために、また常緑樹でもでき得る限り、後の手間の掛かりにくい樹種（シャシャンボ・ソヨゴ）を選びます。できるだけ整枝剪定せずとも元気で美しさを保つ木を選び植栽します。

広岡尉志　**広岡造園**　広島県

❶カイズカイブキ・ツゲなどの仕立木＝人工的より自然風が好まれています。
❷モミジ＝樹形が自然で、四季によっていろいろな美しさを見せるから。
❺樹種に関係なく家の屋根より高く伸びるのを嫌い、家の近くに植えるのも好まれません。
❻植木屋だと手入れ一般のイメージが強く、樹木を植えるのは庭師と思われています。私は庭木の販売が植木屋で、植栽は庭師の仕事だと思っています。
❼自然界で育った木はとても素直で、山で見る風景が綺麗とみなさんが思うからでしょう。

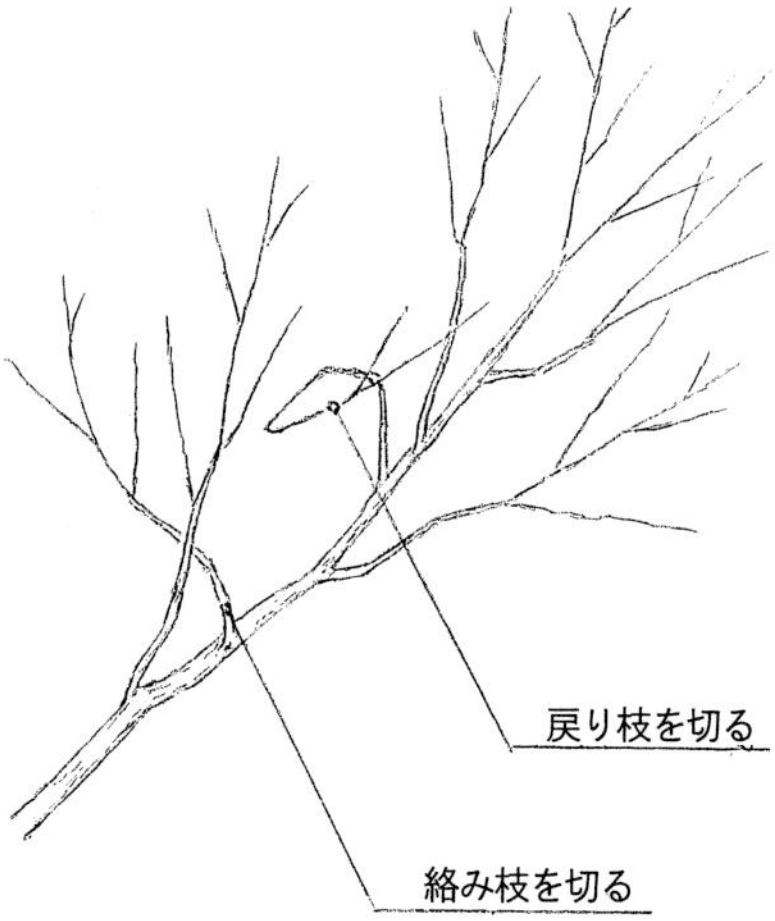

剪定すべき枝の名称＝広岡尉志さん提供

❽一般には整枝・剪定といいますが庭の場合、手入れと呼んだほうが似合っています。整枝・剪定は木を整えるというイメージが強く、手入れは庭全体の雰囲気を整えるための作業だと捉えています。

笹尾　創　山麓苑　山口県

❶下関市には明治時代に建った屋敷や料亭に植えられたアカマツやモミジが老巨木となって今も往時を偲ばせ、圧倒されたことがあります。現在は、何十年か先を楽しみに植えた木はほとんど無いと思う。
❷雑木類と花木＝自然樹形と季節感が有る。
❻樹木と人との橋渡し。
❼自然の景色を身近に提供できる。
❽支柱も一つの化粧という考え方ができるのだが、あまり多く使うとどうしてもうるさくなってくる。必要であれば地下支柱も良いがコストが掛かる。簡易な地下支柱の方法があればどなたか教えてください。

四国

越智將人　創造園　愛媛県

❶ウバメガシ・イヌツゲ・ヤマモモ＝枝が伸び過ぎて樹形が保ちにくい。

❷イロハモミジ・ソヨゴ・アカシデ＝季節感があり、枝の線が細く優しい感じがする。

❻植木屋・庭師・作庭家・造園屋と呼称はありますが、私は庭師と呼ばれたいです。施主や設計士にいわれるままにただ木を植えるだけでは、やはり植木屋さんでしょうか。

❼山採りをするのは雰囲気のある樹形を庭づくりに利用するためでしょうが、庭に植えて日の当たる方向も変わり、気候も変われば樹形も変わる。畑で育った樹木でも、技術と感性で雰囲気を生み出せるはず。山採りというブランドにすがっているように思われます。

❽庭づくりは下草のあしらいにかかっていると思う。スギゴケに頼らずに雑木の下は自然な下草で仕上げるように心がけています。

水本隆信　庭 水本　香川県

❶クロマツ・アカマツ＝管理に手間が掛かる。仕立物は今の建築に合わない。

❷シマトネリコ・ヤマボウシ・ザイフリボク＝自然樹形で花、実、紅葉が楽しめる。

❸投げ足＝細い枝先を剪定する場合、直接、梯子を掛けられないので、足場丸太を太い枝に架けて作業をする。その丸太のことをいう。さらに安全のためトラ綱を取る場合もある。

❺鬼門(北東)には植えない。もし植えるときは、ヒイラギナンテンを植える。

❻最近の植木屋さんに一言。一昔前は、山採りで仕立てたり養生をしていたが、今は産地間の流通が多くなり、短期間で移動するようになった。そのため樹木の性質を十分に把握できていなかったり管理技術を知らない、いわゆる木を知らない植木屋さんが見られる。商品ではなく生き物として木との関わりを大切にして欲しい。

❼高度経済成長期以降、物中心の生活から心

投げ足
細い枝先を剪定する場合、直接、梯子が掛けられないので、足場丸太を太い枝に掛け、梯子を掛けて作業をする。その丸太を「投げ足」と呼ぶ。さらに安全のため「トラ綱」を張る場合もある

投げ足の図＝水本隆信さん提供

の豊かさが求められる時代になり、人は自然との関わりによって、やすらぎを求めるようになった。生活の場や庭も自然回帰の傾向にあり、樹木も人工的なものより、より自然な樹形が好まれるようになった。どうしても山野に生える木を植えるようになっている。そのような生活空間が憩いの場となっている。
❽公共造園の植栽でよく見かけますが、ほとんどの木を垂直に植える。自然界にはあり得ない。もっと斜めに交差した植え方が自然で面白いのだが。（街路樹は例外）

宮地誠一　高知県

❶ナギの木＝樹形が整えにくく、広い庭が無くなったため。
イトヒバ・カイズカイブキ＝樹形が大きくなり、カイズカイブキはナシの木に害を及ぼす。
❷ソヨゴ＝常緑樹で樹形が良く生長も遅い。アメリカハナミズキ＝花が鮮やかで太りにくい。マキ＝樹形が整えやすい。

❺日陰になるから屋根より背の高い木は植えるな。葉に毒があるビワの木は植えるな。
❻植木屋さんというのは、その道のプロにつけられた呼び名であると思う。最近は今までのような本当の植木屋さんが減ってきたのではないか。
本当の意味とは長年続けてみないとわからないが、他の職種にはない特殊な職業であると思う。

植木屋だから植木だけの仕事かといえばそうでもなく、もっともっと広く深い意味合いがあるのではないか。
❼広い山野にある状態で「さま」になった姿はほんの一部であり、偶然の出会いかも知れず、そのまま維持することは不可能と思われる。
「さま」になった状態を庭という空間に閉じ込め、山野にあったように再現する。ただ漠然とした気持ちではなく計算されたいろいろな素材と時間との調和が四季を織り成す演出をするのが木(草)ではないか。生き物である以上、予測できないこともあり、それが感動にもなり癒しにつながると思う。
❽最近の庭(公園)では、その場所に適応しづらい植物を植えてあるのをよく見かける。高知県でも例外ではなく、おそらく植物を知らない者が計画したのではないか。
今のデザイナー的な職種の人は、意表を突く植栽をする傾向にある。

それを長い年月、維持管理をしていくことは不可能に近い。また、メディアの発達により良い部分だけを安易に取り入れ、植物を選び、使用する。それが適応しない土地であっても……。

植栽をするのなら地域に合った植物のための植栽をすべきだと思う。

植栽は誰でもできるが、その後の維持管理まで考え、最終的にあるべき姿を考慮して植栽すべきだ。これは非常に難しいことだが、その場限りの庭づくりでは本質を見出すことはできないだろう。

九州

庄司利行　グリーン庄司　大分県

❶マツ＝剪定費用が嵩む／ヤマモモ・ウバメガシ・モチなどの刈込み段造り物＝最近の自然風な庭には堅くて不似合い。萌芽力が強くて剪定費用が嵩む。
❷ヤマボウシ・シャラなどの落葉花木＝明るい印象で最近の家にマッチする／シマトネリコ＝常緑樹であるが落葉樹のようで明るく軽やかな感じが良い。
❺軒先より高く伸びる木や実がなる木（特にビワ）＝病人が出ると嫌がられる／ツバキ＝首が落ちるから縁起が悪い（特に商家が多い）。
❻毎年、植木の手入れをしているので一般的には「植木屋さん」と呼ばれているが、植木の生産、販売や剪定を中心にしている人を植木屋さん、作庭を中心にしながら剪定をする人を「庭師さん」と呼び、区別されているようです。自分が作庭した大半のお施主さんには「庭師さん」と呼ばれています。植木はもちろんのこと庭全般に通じている人を庭師だと自然に認知されていることは、好ましいことです。
❼緑を守り、育てることを業とする者として野山の自然木を掘り出すことは少なからず後ろめたさを感じることを禁じえませんが、間引き程度の山採りであれば、最も緑を必要とする街の緑化に貢献できる意義は大きい。

山採りの木の姿はその一本だけで自然の雰囲気を醸し出す大きな力を持っている。養殖した木では到底出し得ない力がある。

里山の論議が活発になってきたことは大変に良い傾向です。自然と人工の中間にある里山の木を間引き、植木として活用することで里山の森も人がはいり込めない単なる藪から日もさす健全な森に再生できると思います。

人の生活と密接に関わり合いを持ち、共存共栄する森が里山の姿だと思います。必要に応じて山採りの後に補植し、何十年かのサイクルで森を守らねばなりません。

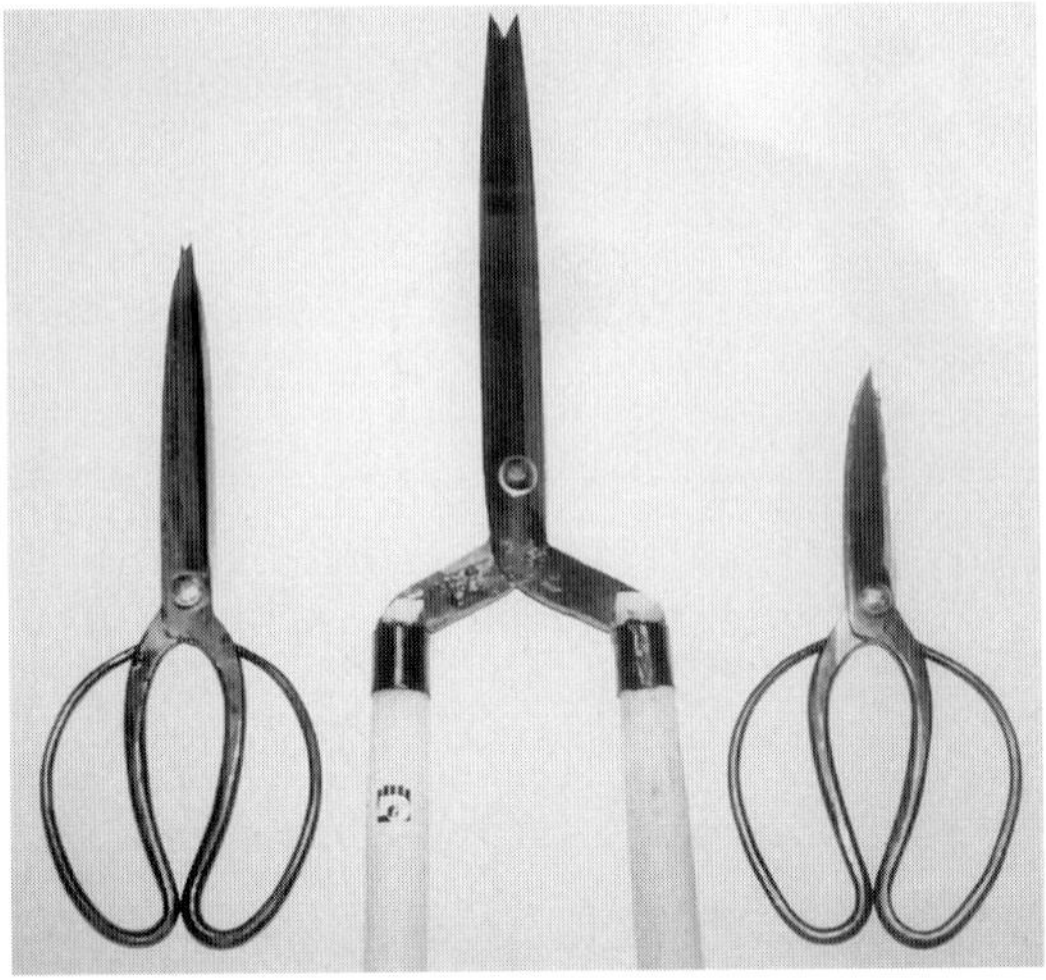

樹種の剪定の仕方によって鋏の形態も進化していった＝徳永新助さん提供

❽地方の大型公共工事やイベントに関しては、中央からの画一的な設計が大半で、地方の特性やアイディアが活かされていない。

公園や歩道の低木類の剪定は機械による刈込みのため、効率第一か？すべて直角で平面に仕上げているが、角を取って柔らかな感じや、せめてテーパーをつけて少しでも広く見えるような工夫があっても良い。

徳永新助　松龍園　熊本県

❶昔はマツ・マキ・モチ・モクセイが多く使われていましたが、顧客の世代が代わる際、維持管理に手間が掛かるために処分されるケースが多く見られます。

❷今の住宅は洋風の建物が多くなり、駐車場のスペースを広く取り、垣根と芝でまとめ、植込みはヤマボウシ（もしくはシャラ）がよく使われています。

❸昔は葉を切って剪定をしていました。特にマツは鋏の刃にヤニ（樹脂）が付き切れ難くな

アルミ製の梯子に手を加えて道具に転化＝徳永新助さん提供

野鍛冶の手打ちで鍛えた刈込み鋏＝徳永新助さん提供

りました。そこで小島上町の故・中村安雄さんがつくった鋏の刃には刳り抜きがあり、ヤニが付かないように工夫したものを一般に使っていました。梯子は突っ張りを入れ、ロープで左右から引っ張って固定していました。

❹私はマツの木が好きで幹を曲げてつくっています。枝づくりで注意したいのが「マワリ枝」です。幹を曲げた内側に枝があると幹の流れが死んでしまいます。外の枝を活かしながら幹を隠さないようにすると奥深い景色のマツに仕立てることができます。マワリ枝の他にも「重なり枝」、「刺し枝」があり、剪定する際は先ず幹の動きによって枝を抜いてやると姿のいい樹木の剪定ができます。

長友利信　宮崎庭園創作所　宮崎県

❶ベニカナメモチ＝炭素病、強剪定不向き。プリペット＝年間の管理コストが高くつく。カイズカイブキ＝強剪定で縮小しにくい。その反面、防砂と目隠しの効果有り。

マツ＝管理面でコスト高となり減少。
❷自然樹形のもの。小物類やコニファー類。草花や山野草。
❸宮崎の庭園の歴史は浅く、福岡・熊本からの技術を導入し、最近は関西・関東で技術を修得した人たちが多いため、ご当地の道具は見当たらない。
❹宮崎は温暖で雨量も多く、関西・関東のような透かしの技術より、土用芽（二度目の枝の伸長）の詰め込みとの組み合わせが多い。
さらに同じ県内でも太平洋側と内陸部とも剪定方法は違う。目的とする庭づくりの内容によっても違ってくる。近い将来、同じ樹種であっても、整枝剪定の方法を変える必要があるのではないか。私個人、その木（植物）はその木なり、と考えています。

「根さえしっかりしていれば、枝葉がどんなに揺れたって風にまかせておけばいいじゃないか」。相田みつおギャラリー『道』より
❺旧薩摩藩領（国宮～都城方面）、県北旧内藤藩領、県南飫肥城下など、武家屋敷が多くあった土地では、ツバキの中でも花びらで落ちる品種は植栽されたという。
なにか人間の勝手で樹木の生育に不向きな場所に植えられる傾向が強くなったように思える。不当でその場しのぎの移植に問題ありで、庭の短命化となる一因です。
❻昔の庭園が保存整備されておらず、県外への旅行で名園やホテル、旅館の庭を見て庭づくりの願望を募らせる人々が多いようです。そして植木市で単品を求め、本格的な作庭へとなります。このような現状の中、販売の植木屋さんとモノづくりとしての植木屋さんを同一視されているようです。ただ近年は少し変わりつつあるようです。個々の庭の集合体が街の景観を形成するという意識が薄いです。
❼山野を造成して分譲地化する中で、少しでも街に緑をという捉え方で雑木を山出しするのは間違い。単なる緑の移動にすぎない。さらに地域の公園設計から三十年経とうとして

いるがワンパターンの植栽が多い。そのために時代を先読みし、身近な植物や樹木を苗から育てることが大切。個人住宅の庭から半公共、そして公共施設へと緑が連なれば街の景観、風景は一変するという考えが乏しく手を付けるのも遅すぎた。これから五十年、百年先を考えるべきではないかと思う。さらに将来を託す子どもたちに里山を残す意味も教えなくてはならない。

❽宮崎県にも素晴らしい公共造園専門の業者はおります。ただ残念なことに能力のない業者が施工すると定植せず養生もなく完成検査後に生長不良木が目につき、街の景観が著しく殺伐としてきます。また台風の倒木除け支柱なのか中央のマニュアル通りなのか不明なものが多い。

生き物を扱う仕事という意識が少ないため、ただ枝を切ればいいという整枝剪定の美の捉え方が低い業者は、入札への参加資格はないように思えます。

久富正哉　久富作庭事務所　宮崎県

❶ツゲ・マキ・ヒイラギ・キンモクセイ・サツキ・ツツジ＝段造りの木や刈込み仕立ての木は需要が減りました。

❷コナラ・ヒメシャラ・ハナミズキ＝季節感のある木。

❹宮崎の庭園文化の歴史は浅く、特に無し。

❻私は庭は緑が主役であるべきだという考えです。庭を創る者は緑を自由自在に扱えることが第一だと思う。

❼庭空間に何を求めるか―安らぎ、癒し、自然の豊かさの実感などを実現するためには自然樹形の木が果たす役割は大きい。

❽庭をつくった後の維持管理は庭をつくった作者が行なうのは当然です。

そうでないとその庭独自の魅力は維持できない。

特に「雑木の庭」は空間が大切なので、その良さを理解できる者がしないと、直ちにその庭は死んでしまう。

まとめ

　作庭に用いる樹木にも、流行や廃れがあり、その時代性を色濃く物語ることを、問いの❶と❷への回答が浮き彫りにした。
　❶の昔は良く扱われ、現在は廃れた樹種では、庭木の王者として永く君臨してきたマツが圧倒的に多い。それは毎年のメンテナンスのハイコストとマツ枯れ病の全国的蔓延が要因で庭の維持管理が困難なためだ。さらに住宅様式と生活スタイルの変化にそぐわない刈込み様式で仕立てる樹種の多くも不自然を理由に忌み嫌われてしまったようだ。
　❷の好評を呼んでいる樹種ではヤマボウシ・シマトネリコが圧倒的に多い。それは自然の息吹きを伝える作庭への欲求の深さを象徴し、整枝・剪定に掛かるコストも❶のマツと比べてローコストだからだ。庭の維持管理が容易で、しかも季節感を明瞭にする雑木類が高い人気を持つことを示す。
　❸と❹では各地域における剪定道具と剪定すべき枝の名称の違いを出したかった。当然だが老舗を受け継いだ方々にしか道具と剪定方法は伝わっていなかった。しかもその存続は風前の灯火のようである。
　❺の禁忌に関していえば、屋根より樹高が伸びることを嫌う傾向は全国的だ。忌み嫌うケースでは樹種名との語呂合わせが主になっているようだ。
　❻と❼はこのアンケートのメインテーマ。愚問ともいえる問いに、真正面から取り組んで頂いたが、日常の仕事では意識しなかった「木を植え、育てる」行為と価値観が、一昔前と比べて変化してきたことが読み取れる。時代を取り巻く状況の変化が、木を植える意味をも大きく変え、環境美化や修景だけを対象に考えてきた時代は終わったようだ。ご多用中をアンケートにご協力願った方々に感謝申し上げる。

豊藏　均

作庭によく使う

樹木ガイド

図・田籠善次郎

参考資料・『樹木大図説』(上原敬二著/有明書房)、『庭木と緑化樹』(誠文堂新光社)、『緑化樹木類供給可能量・調達難易度調査書』(日本植木協会)

アオダモ ——• モクセイ科

分布＝本州南部以北の温帯南部より暖帯北部。

特徴＝落葉喬木。雌雄異株または同株稀に雑株。高さ15メートル、幹回り1.5メートル、樹皮は帯黄灰色、樹形はやや整形で卵円形。幼枝は太く4稜、初め有毛後無毛。葉は対生、長柄、奇数羽状複葉、長さ20～35センチ、小葉は2～4双。花期は4～5月、葉とともに開き、白色無弁果実は倒披針形。深根性で湿潤地にも適する。

特性＝生長は速く中庸樹。煙害に耐える。

その他＝トネリコ、タモとも呼ぶ。枝についたカイガラムシが分泌した白ろうをトネリといい、敷居などに塗ると戸滑りがよくなる。

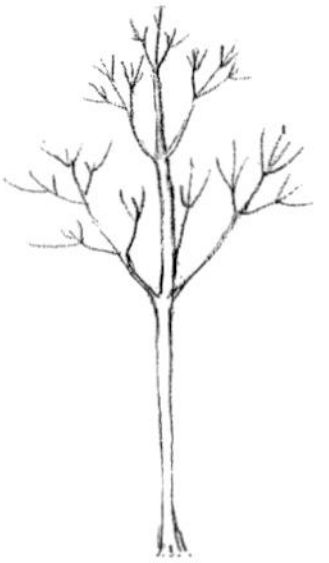

イタヤカエデ ——• カエデ科

分布＝北海道、本州（海抜1200メートル）、四国、九州の山地。

特徴＝落葉喬木。高さ18～20メートル、幹回りは3メートルにおよぶ。雌雄同株または異株。樹皮は暗灰色、老木は浅裂、枝は褐色無毛。葉は大形で対生、切込みが浅く鋸歯はない5～7裂。秋に通常黄葉するが、時に淡紅色となり落葉。花期は4～5月、繖房花序につき黄緑色。

特性＝生長が速く中庸樹から陽樹。移植はやや容易で肥沃深層土を好む。

繁殖＝実生。

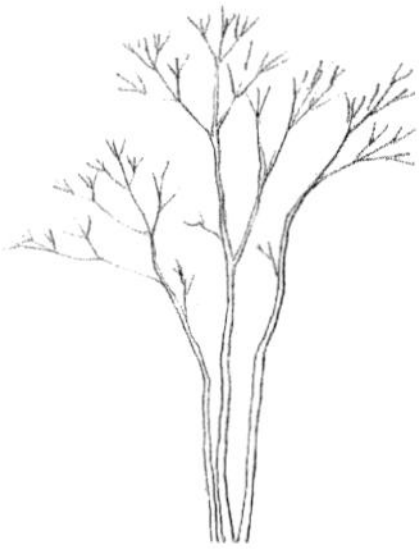

イロハモミジ

●カエデ科

分布＝本州南、中部（太平洋寄り）、四国、九州に産し、中国大陸にも分布。

特徴＝落葉喬木。高さ10～15メートル、幹回り90センチ。樹皮は帯緑暗褐色。葉は対生、長柄で5～7深裂、重鋭鋸歯、無毛で葉柄は帯紅色。花は4～5月、暗紅色で小形。

特性＝生長は速く萌芽力がある。中庸から陽樹。移植はやや容易。大気汚染、潮風に弱い。

その他＝モミジケアブラムシ、モミジノワタカイガラムシに注意。テッポウムシは致命的な害を与える。

ウメモドキ

●モチノキ科

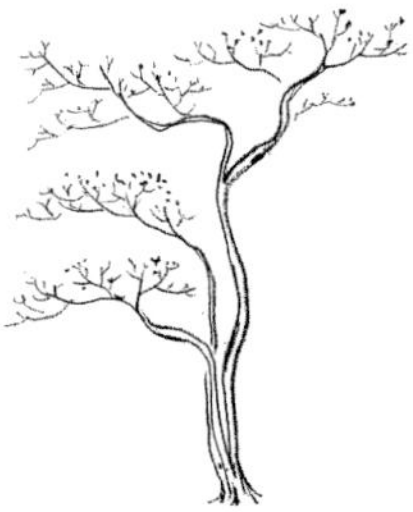

分布＝本州、四国、九州の浅山。

特徴＝落葉小喬木または灌木。高さ2～5メートル、枝は暗灰褐色で細く分岐し、直立性のものと拡開性のものがある。葉は互生、長楕円形で細鋸歯がある。花は6月、小形、淡紫色稀に白色、径3.5ミリ。核果は11月成熟して紅色で球形、径5ミリ、種子は6～8個。雌雄異株で造園樹としては雌木。

特性＝生長は遅く、中庸から陽樹。萌芽力があり肥沃地を好む。

繁殖＝実生、挿木、接木、株分け、取木。

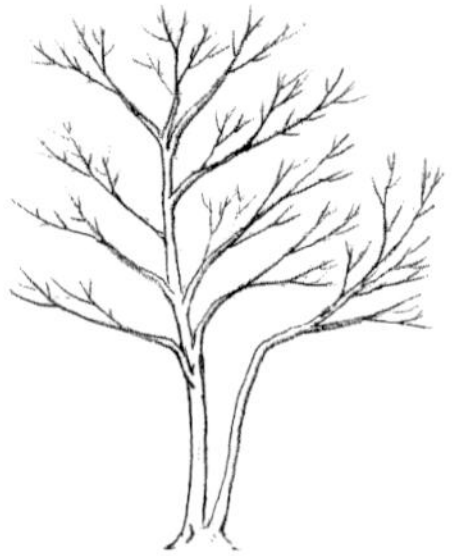

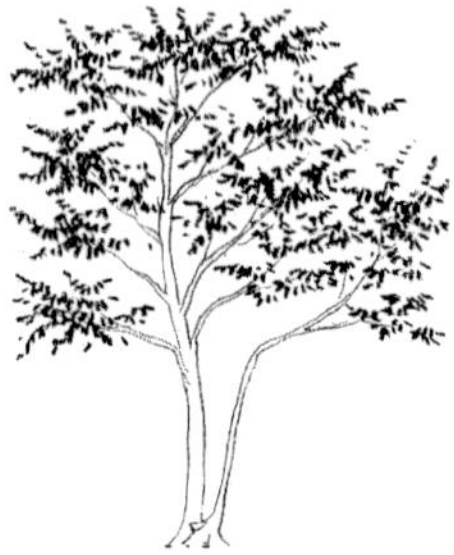

エゴノキ

・エゴノキ科

分布＝北海道、本州、四国、九州、沖縄、朝鮮、中国に産する。

特徴＝落葉小喬木。高さ7～8メートル、時には10メートルにも達する。径30センチ。単幹、または武者立樹形。樹皮は暗褐色、平滑時に浅裂する。葉は互生、上半に波状鈍鋸歯あり、上面深緑色で下面は淡色。花期は5～6月、当年枝に頂生または腋生の総状花序、花冠は漏斗状、下垂乳白色で5弁。核果は10月緑灰白色、径9～12ミリ。

特性＝中庸から陽樹。適潤肥沃地を好む。

エノキ

・ニレ科

分布＝本州、四国、九州に産し、朝鮮、中国にも分布する。

特徴＝落葉喬木。高さ20メートル、径1.2メートル。樹皮灰黒色で小凹凸がある。老木は疣状を呈し象の脚の如く根張りする。葉は互生、長さ4～7センチ、幅3～5センチ、上半に内曲する低平の鋸歯があり全縁、上面は平滑、下面には初めだけ黄褐色の短軟毛あり。葉脈2～3双、3行脈状となる。花は4～5月、核果は10月成熟して赤褐色。

特性＝生長は速く、中庸から陽樹。浅根性で潮風に耐える。

エンジュ ——— ・マメ科

分布＝中国大陸原産。北海道、本州、四国、九州に植栽分布。

特徴＝落葉喬木。高さ10〜25メートル、径0.6〜1.2メートル。樹皮は帯灰暗褐色、縦裂、小枝は帯緑色。葉は互生、有柄奇数羽状複葉、長さ3〜6センチ、幅1.5〜2.5センチ、小葉は9〜15枚。上面深緑色無毛、下面は帯青白色、白軟毛がある。花は7〜8月、頂生円錐花序で黄白色。

特性＝生長はやや速く、中庸から陽樹で陽光下に生育する。浅根性で煙害に強く、肥沃な深層土壌土質を好む。

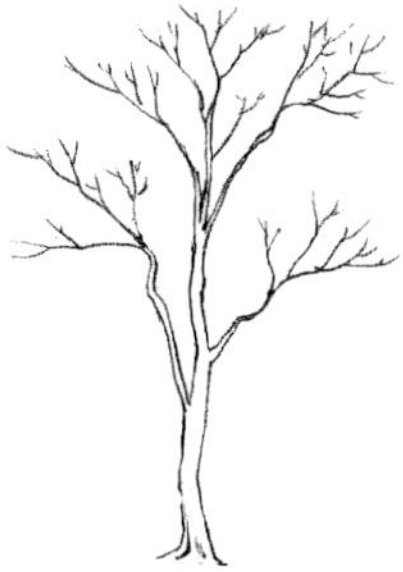

オトコヨウゾメ ——— ・スイカズラ科

分布＝本州中南部、四国、九州に産する。

特徴＝落葉灌木。高さ1〜2.5メートル。樹皮は帯灰褐色、幼枝には無毛または少しの長毛がある。葉は対生で有柄（3〜7センチ帯紅色）、長さ4〜8センチ、幅2〜4センチ、周囲に鋸歯があり卵形、上面は無毛または少しの長毛、下面は淡色、脈上に伏長白毛が粗生する。脈は上面に凹入。花は5月、頂生繖形花序で花冠は深く5裂し、花冠より短い5本の雄ずいがある。果実は紅色で広卵形、下垂し長さ7〜8ミリ、種子は腹面に1〜3、背面に縦溝がある。

その他＝枝を曲げ物を縛る。小庭に利用。

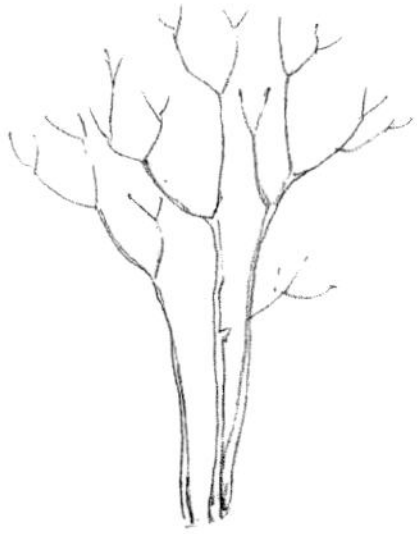

カキノキ

・カキノキ科

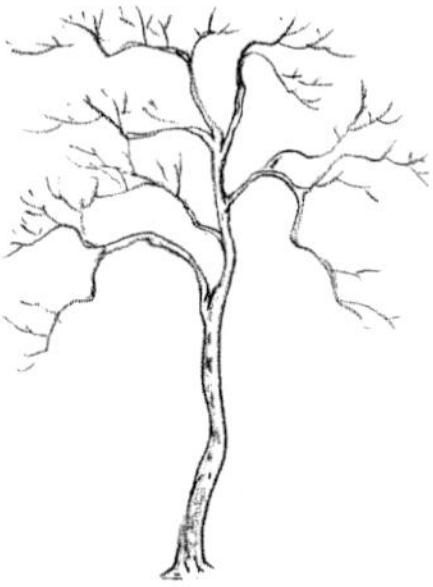

分布＝本州南中部、四国、九州。北海道、本州北部にも少々ある。

特徴＝落葉喬木。高さ20メートル、径1メートル、雌雄同株。枝は灰褐色、灰白色で粗生し、幼時は開出帯褐色の短軟毛密生する。樹形は広がり形。葉は互生、有柄（1～1.5センチ）広楕円形で革質、全縁、上面主脈上に微毛、下面全体に帯褐色斜開毛がある。長さ7～16センチ、幅4～10センチ。花は4～5月、着花は当年枝。果実は橙紅色、橙黄色。

特性＝生長は遅く、陽樹。直根性で移植はやや困難。潮風に強く礫質壌土を好む。

その他＝病気、害虫が多い。

カツラ

・カツラ科

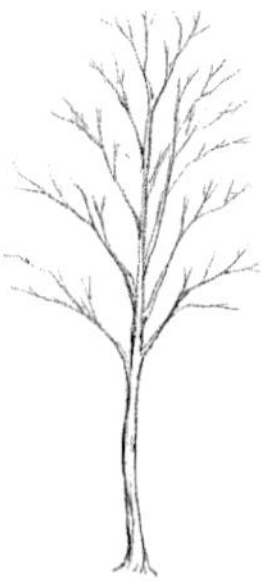

分布＝北海道（中南部は山地および平地、北部は平地）、本州（中央山脈では海抜300～1500メートル）、四国、九州。

特徴＝落葉喬木、高さ25～30メートル、径1.2～2メートル。雌雄異株。樹皮は暗灰褐色、灰緑色、縦に浅裂し、細片に剝げる。樹形は広円錐状。枝は細くやや直立し、分枝が多く小枝の出方が平面的、葉は対生で鋸歯、鈍頭、下面粉白色、長さ幅とも4～7センチ。

特性＝生長は速く、中庸から陽樹。深根性で移植はやや容易。湿気のある土地を好むが乾燥地にも耐える。

カマツカ

●バラ科

分布＝北海道、本州、四国、九州の低山地に自生。朝鮮、中国にも分布。

特徴＝落葉小喬木。高さ2〜5メートル、径0.3メートル。幼枝、葉柄に白軟毛があり、枝は折れにくい。樹皮は灰色。葉は互生、有柄、広倒卵形、狭倒卵形、急鋭尖、長さ4〜13センチ、幅2〜6センチ。細鋭鋸歯、両面に初め軟毛がある、後殆ど無毛、下面は淡色、秋は稍紅葉する。花は4〜5月、枝端に出る繖房花序に多数つく、5弁片、白色で倒卵円形、長梗あり、花柱の基部に白軟毛密生する、花径10ミリ。果実は倒卵形で光沢のある紅色、長さ7〜10ミリ。

カリン

●イバラ科

分布＝中国原産。

特徴＝落葉喬木。高さ6〜10メートル、径0.5メートル。樹皮は帯緑色、枝は細長く上向、樹形は柱状となる。幼枝には時に刺があり、小枝は褐色。幹枝は老成するとよく剝げる。葉は互生で微凸尖細鋸歯、下部のものは腺状鋸歯、上面は無毛、下面に初め軟毛あり。長さ4〜8センチ、幅3〜5センチ。花は4月新緑とともに枝端に単生し淡紅色で楕円形の5弁、径30ミリ。果実は大形で無毛、初めは緑色、10月黄熟して芳香が強い。

特性＝陽樹。

繁殖＝挿木、実生、ヤゴの株分け。

ガマズミ

・スイカズラ科

分布＝北海道(南部)、本州、四国、九州、朝鮮、中国に分布する。

特徴＝落葉灌木。高さ1.5〜2.5メートル、時には4メートルにもなる。樹皮は暗紫褐色。葉は対生、有柄(0.5〜1.5センチ)で有毛、広倒卵形で急鋭頭、鋸歯があり、長さ3〜12センチ、幅2〜8センチ。上面暗緑色で下面は淡色。葉柄頭近く主脈左右に4個の密腺がある。花は5〜6月、頂生聚繖花序、短梗があり小花密生。核果は球形で3〜6ミリの紅色。

特性＝中庸樹。移植は容易。

繁殖＝実生(取播き)。

その他＝カイガラムシの害がある。

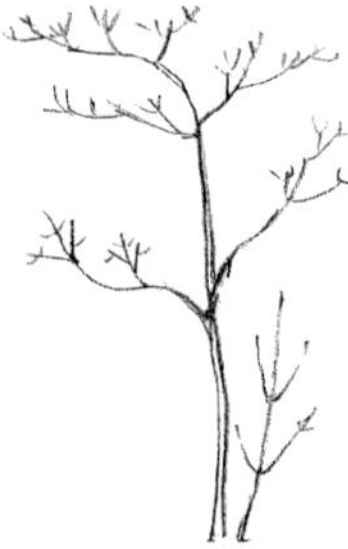

クロモジ

・クスノキ科

分布＝本州、四国、九州、中国に産し、関東地方では伊豆に最も多く生じている。

特徴＝落葉灌木。高さ2〜4メートル、径0.1メートル。雌雄異株。幹は通直根元より枝を多く生じ、樹皮は平滑で黄緑色に黒斑を示す。小枝や葉を折ると芳香がある。冬芽は長楕円体で暗紅色、葉は互生で有柄、長楕円形、薄質、全縁、鋭頭、上面深緑色、下面帯白色、初め白色の長い伏絹毛を生じ後無毛。長さ5〜9センチ、幅2〜4センチ、側脈は隆起せず新葉は光沢ある白味。花は4月、淡黄緑色の6弁の小花。萌芽力大。

特性＝陰樹。刈込みに強い。爪楊枝、垣根。

ケヤキ

ニレ科

分布＝本州、四国、九州に産し、台湾、朝鮮、中国にも分布する。
特徴＝落葉喬木。高さ50メートル、径2.7メートルにおよぶ。雌雄同株。樹皮は灰褐色、老幹の片は一部分鱗片状に剝げることがあり、点紋斑を表面に現わす。支枝は四方に斜上向に伸長し、盃状。葉は互生で短柄、凸頭の鋭鋸歯があり、長さ3～7センチ、若木では12センチ、幅1～2.5センチ、時に5センチ、上面は少し粗渋または平滑、光沢はなく幼時は下面脈上に少毛がある。
特性＝陽樹。やや浅根の部類に属し、大木の移植も可能。大気汚染、乾燥、潮風に弱い。

コナラ

ブナ科

分布＝北海道、本州、四国、九州、朝鮮。
特徴＝落葉喬木。高さ17メートル、径0.6メートル。細枝が多く初め粗毛がある。樹皮は灰白色で、クヌギより白味が強い。老木の外皮は浅裂する。葉は粗鋭鋸歯があり長さ5～19センチ、幅2.5～7センチ、若葉は初め両面有毛、上面は濃緑色、後に無毛、下面は幼時灰白色の伏毛があり、後多少の毛を残し帯灰白色。枝端にナラガウ（俗にナラ団子）という虫癭を生ずるのが多い。
特性＝中庸から陽樹で乾燥地に耐える。移植はやや容易。

コアジサイ ●ユキノシタ科

分布＝本州中南部、四国の産。

特徴＝落葉灌木。高さ1～2メートル。全株小毛、枝は紫褐色、梢は細い。葉は対生で有柄、薄質、倒卵形、広卵形、卵形、鋭頭、狭脚、三角状鋭鋸歯がある。長さ4～8センチ、幅3～5センチ。上面に光沢があり、聚繖花序は頂生で、初夏に開花するが、全部両性花なのであまり美しい花ではない。弁は小形であり4～5片。藍色。小形の蒴は褐色、開裂生。

特性＝陰樹。花は美しくないが樹形と葉を観賞する庭樹。特に庭の下木に適し、雑木などと組み合わせて、最近使われるようになった。

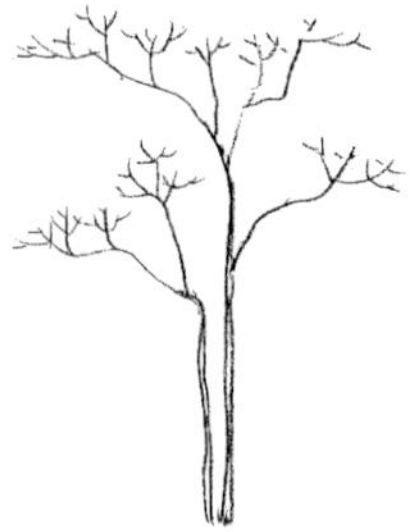

コブシ ●モクレン科

分布＝北海道、本州、四国、九州に分布。

特徴＝落葉喬木。高さ15メートル、径0.3～0.6メートル、樹皮は灰白色で平滑、白斑がある。直幹性で樹形は広円錐形。葉は互生短柄、広倒卵形、鋭尖、全縁でやや波状を呈する。上面は無毛、下面は稍淡白緑色、脈上に少毛があり側脈9～12双、長さ6～15センチ、幅3～8センチ。花は前年枝に頂生または腋生、3月に葉より先に開花し、白色で微香がある。

特性＝生長はやや速く中庸樹。やや深根性だが大木の移植可能。諸害は少なく樹性は強い。

サワフタギ

——•ハイノキ科

分布＝北海道、本州、四国、九州の山地に産し、朝鮮、中国、ヒマラヤに分布する。

特徴＝落葉小喬木。高さ2～3メートル、時には6メートルにも達する。径0.1～0.3メートル。樹皮は灰白色で老木は不斉に浅く縦裂する。幼枝は有毛である。葉は長倒卵形。楕円形、細鋸歯または全縁、凸頭、鈍または鋭脚、両面皺状、下面帯白色、下面全部特に主脈上にも毛が多い。長さ5～8センチ、幅3センチ。花は小形で、白色稍淡青色、花梗は有毛。果実は核果で球形、歪卵形、径は6センチでルリ色を呈す。9月に成熟する。種子は1個で卵球形。ツゲの代用にも。

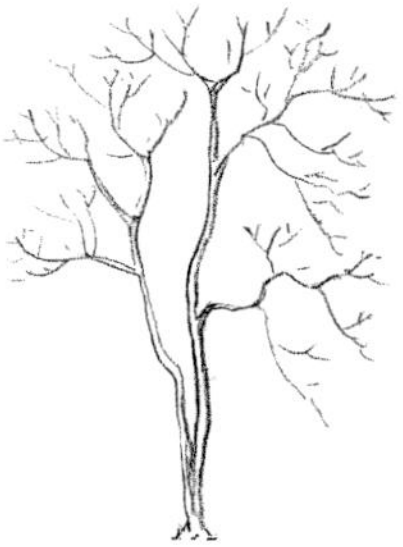

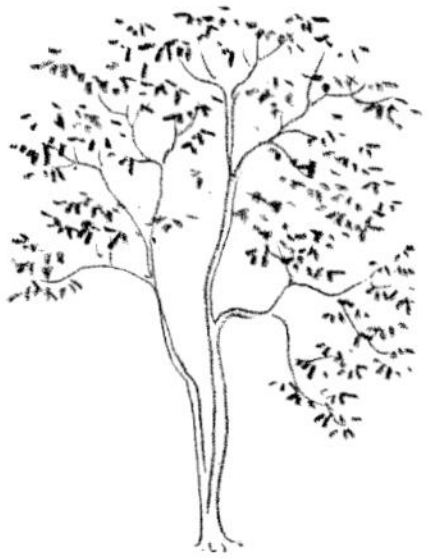

ザイフリボク

——•バラ科

分布＝本州中南部、四国、九州の山地に自生する。

特徴＝落葉喬木。高さ9～12メートル、径0.5メートル。樹皮は薄く灰白色、枝は帯紫または帯紅色。幼時白軟毛があるが、後無毛。葉は互生、長柄1～1.5センチ、膜質、倒卵形、低平細鋸歯、稀に全縁。支脈10～13双、長さ4～8センチ、幅2～4センチ。花は葉と同時またはやや遅れて4～5月開花。果実は9月下旬成熟する。径4～6センチの梨果状の小球。

特性＝生長は速く、中庸樹。適潤肥沃の深層土を好む。

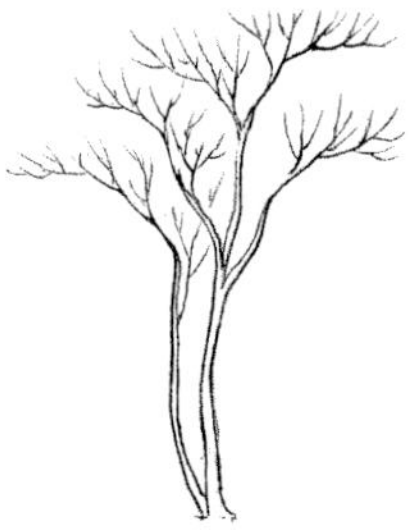

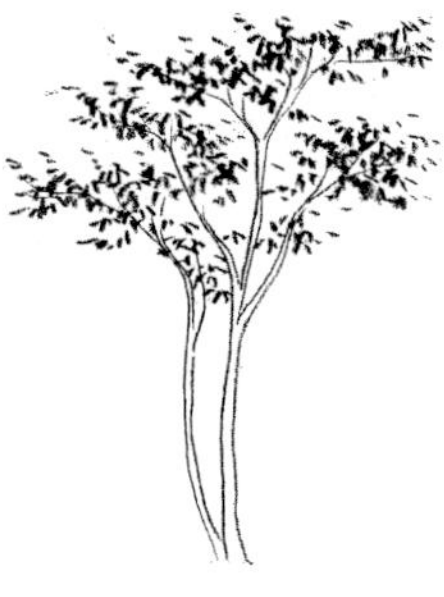

シラカバ

カバノキ科

分布＝北海道、本州（中部以北）の高原に生ずる。本州では上高地大正池付近が生育上限と考えられている。

特徴＝落葉喬木。高さ25メートル、幅1メートル。枝は細く小枝は暗紫褐色。樹皮は薄く白色、帯白色時に帯黄白色、光沢があり薄く剝がれる。内皮は淡褐色。葉は三角状広卵形、重鋸歯で長さ4〜10センチ、幅4〜6センチ、側脈は細く6〜8双。無毛または下面に微短毛。

特性＝生長は速く、きわめて陽樹。湿潤肥沃土を好み浅根性。剪定はあまり好まず暴風の害を受けやすい。

シラキ

トウダイグサ科

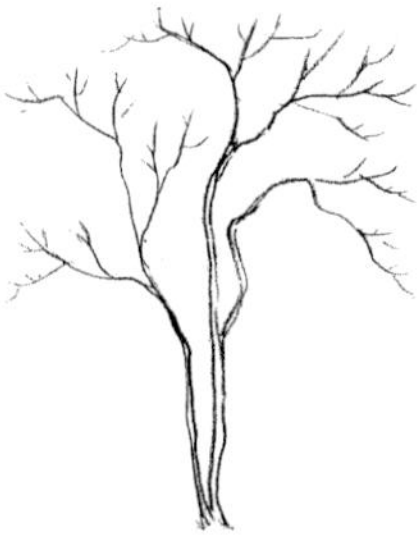

分布＝本州中南部、四国、九州の山地、丘陵に自生し、沖縄、朝鮮にも分布。

特徴＝落葉喬木。高さ5〜10メートル。径0.3メートル。雌雄同株。枝は拡開で伸長する。全株無毛で樹皮は灰白色。葉は互生、楕円形で膜質急鋭頭、全縁、無毛、浅緑色、長さ7〜15センチ、幅5〜10センチ、下面は稍粉白色、縁辺部支脈先端に10〜12個の腺体がある。葉柄は長さ2〜3センチ。その基部に各側1個ずつの腺体があり、これが識別点である。花は5〜7月で黄花。

特徴＝紅葉が美しく野趣ある庭樹として可。生育季に葉柄、幼枝を折ると白乳液を出す。

ズミ
バラ科

分布＝北海道、本州、四国、九州の山地に産出。
特徴＝落葉小喬木、灌木。高さ10メートル、径0.4メートル。樹冠開生、枝は多く分岐し強い。小枝は帯紫色時に刺状化す。若枝に通常軟毛がある。花枝の葉は長楕円形、狭卵形、長さ3〜8センチ、長枝の葉は広卵形で3〜5裂し長さ8センチ。いずれも互生で有柄（1.5〜5センチ）、膜質、鋭頭、鋸歯。新葉は両面軟毛、後、時に上面無毛深緑色、下面、時に脈腋以外は無毛。花は4〜5月開き初開時は紅色を帯び、後に白色。5弁片は楕円形で蕾は紅色。果実は紅または黄色。
特性＝極陽樹。

ソロ
カバノキ科

分布＝本州、四国、九州、朝鮮、中国に産す。
特徴＝落葉喬木。高さ12〜15メートル、径0.6メートル。中壮木で幹は左旋曲に捩れ、老木は深い裂刻を縦に生じている。樹皮は平滑灰白色、枝は細く淡緑褐色、幼時は若葉、葉柄とともに軟毛密生。葉は卵状長楕円形、鋭頭、重細鋸歯、上面少しく伏毛、下面特に脈上、脈沿に有毛。長さ4〜8センチ、幅2〜4センチ、側脈10〜15双。花は4〜5月開花、10月結実。
特性＝生長は速く、中庸から陽樹。枝の剪定はあまり好ましくない。

ダンコウバイ

・クスノキ科

分布＝本州（関東以西）、四国、九州、台湾、朝鮮、中国。裏日本は新潟県西部まで。

特徴＝落葉小喬木。高さ2〜6メートル、径0.2メートル。雌雄異株。樹皮平滑で灰白色、枝は長く粗生。葉は互生で有柄、広楕円形、全縁、通常浅く2〜3裂、裂片は卵状三角形、3行脈。上面は幼時のみ少しの軟毛あり、下面は帯白色で脈沿に淡褐色の長毛がある。後にやや無毛、葉片に香気がある。花は葉に先立ち、あるいは葉と同時に早春（3月）に開花し、微香あり。果実は9月成熟し、径9ミリの黒色の球形。

特性＝中庸から陽樹。移植はやや困難。

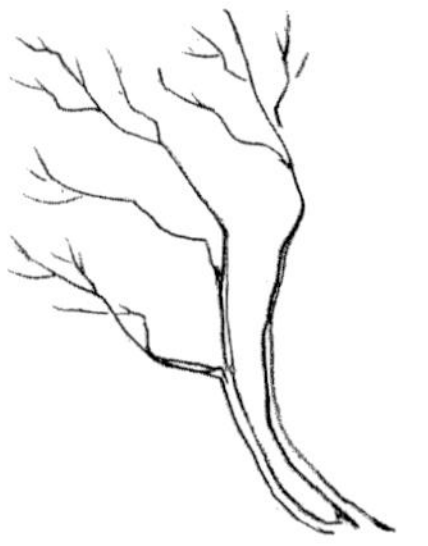

ナツツバキ

・ツバキ科

分布＝本州、四国、九州の山地。本州中央山脈では海抜1200メートル内外に生ず。

特徴＝落葉喬木。高さ15メートル、径0.6メートル。枝はやや上向し、樹皮は帯黒赤褐色、平滑よく剝離し、その跡は美しく帯紅褐色。枝は灰褐色、幼時は淡褐色。花は互生で有柄（0.3〜1.5センチ、絹状白長毛密生）、楕円形、膜質、鋭頭および至短急鋭尖、長平鋸歯で上面無毛、脈凹入、下面長毛粗生。陽面の葉は時に縁辺が紅色となる。長さ6〜12センチ、幅3〜5センチ、側脈6〜7双。花は7月、大輪5弁で白色。

特性＝生長はやや速く、中庸から陰樹。

ナナカマド ── バラ科

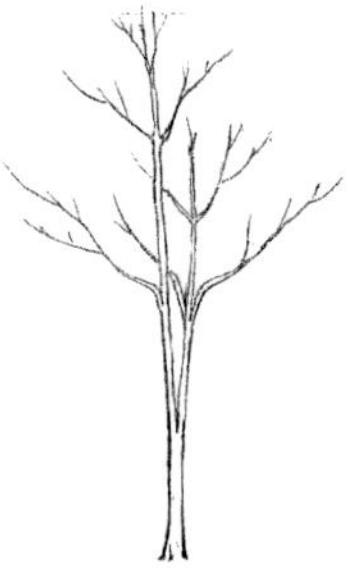

分布＝北海道、本州、四国、九州の山地に産す。朝鮮、西方アジア、シベリア、欧州にも分布する。

特徴＝落葉喬木。高さ7～10メートル、径0.3メートル。樹皮は粗面で帯褐色、固有の芳香あり。細小皮目は横長、枝は濃紅紫色。葉は互生で奇数羽状複葉につく。狭長楕円形、広披針形、鋭尖、芒状鋭尖鋸歯、両面無毛。小葉は4～7双、長さ3～7センチ、幅1～2.5センチ。5～6月開花し、10月球形（径4～5ミリ）の実を成熟、朱紅色。

特性＝中庸から陽樹。移植は注意が必要。

ニシキギ ── ニシキギ科

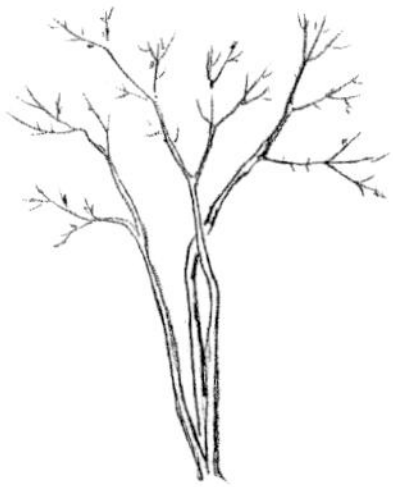

分布＝北海道、本州、四国、九州、朝鮮、中国に分布。

特徴＝落葉灌木。高さ3～8メートル、径0.1～0.25メートル。全体無毛、枝には交互対生する褐色コルク質の稜翼がある。葉は対生、短柄、倒披針形、膜質、光沢なく細鈍鋸歯があり、鋭尖または鋭頭、長さ1.5～6センチ、幅1～4センチ。脈は両面に凸出す。花は5～6月開花。小形で4弁、淡黄緑色で径6ミリ。

特性＝生長は速く、中庸から陰樹。細根で移植は容易、刈込みも可能。

ハゼノキ

・ウルシ科

分布＝本州（関東南部以西）、四国、九州。

特徴＝落葉喬木。高さ10メートル、径0.6メートル。樹皮は暗紅色、平滑、光沢、後に裂目を生ず、新枝はやや太く、葉痕著明、芽鱗の周囲と内面に黄褐色毛あるほか全株無毛。葉は互生、奇数羽状複葉で小葉は4～7双、短柄、全縁、無毛、狭長楕円形、下面時に粉白色、鋭尖、やや鋭脚、長さ5～9センチ、幅1.8～3センチ、秋季紅葉する。幼木の小葉には歯牙状鋸歯がある。花は5～6月に5弁、黄緑色の小花。核果は不斉扁球形で淡黄色、無毛で光沢、径6～10ミリ。

特性＝生長は速く陽樹。浅根性、耐潮性あり。

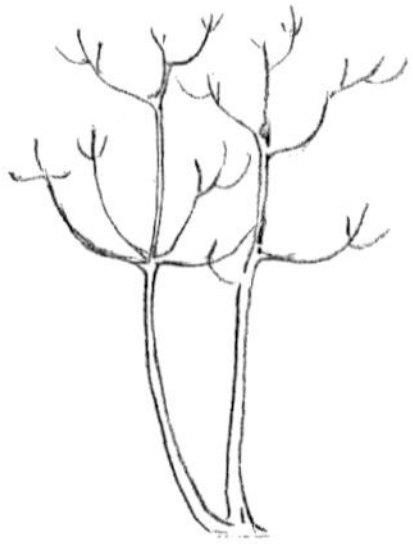

バイカウツギ

・ユキノシタ科

分布＝本州、四国、九州の山地に生ずる。

特徴＝落葉灌木。高さ2メートル。叉状分岐、やや叢状、幼枝に微毛がある。二年枝は褐色で外皮は小片に剝げる。縦の裂目がある。葉は対生、長柄、卵状披針形、長鋭尖、上面に時に細毛粗生、下面脈腋以外はやや無毛。3行脈があり、鋸歯は低平、凸頭、粗歯牙状、長さ5～8センチ、幅2～3.5センチ。開花は5～6月、白色で弁は4片、微凹頭広卵形、長さ12～15ミリで芳香がある。実は10月成熟、倒円錐形。

特性＝中庸樹。半陰に耐える。欧米では有数の庭樹だが、日本での例は少ない。

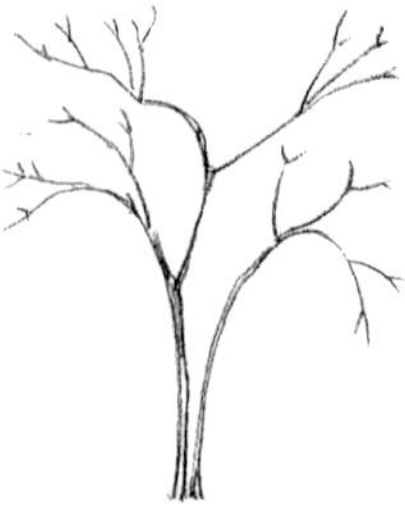

ヒメシャラ ── ●ツバキ科

分布＝本州中南部関東以南、四国、九州、朝鮮産。ナツツバキより暖地に分布。

特徴＝落葉喬木。高さ15メートル、幅0.3～0.9メートル。枝は上向性箒状、細く帯赤褐色。樹皮は平滑で光沢があり、淡赤黄色、老木は薄片となり剝離し、そのあと黄褐色の斑紋を残す。葉は互生、有柄（0.2～1.2センチ）、長楕円形、膜質、凸端に終る上向低平鋸歯がある。ナツツバキより細長い。花は7～8月、当年枝に腋生、白色で5弁、果実は暗褐色で光沢がある。

特性＝生長はやや速い。中庸から陽樹。適潤肥沃土を好む。

ブナ ── ●ブナ科

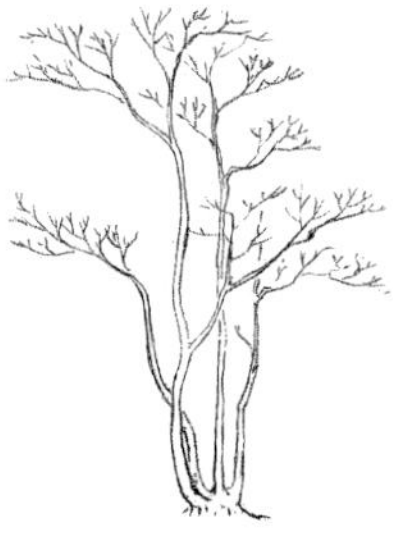

分布＝北海道（後志以南）、本州（中部500～1500メートル）、四国、九州の温帯に産す。

特徴＝落葉喬木。高さ25メートル、径1.7メートル。樹皮は灰白色で平滑。幼枝初め長軟毛あるも直に無毛、幼枝は多少雁木形、細く褐色で光沢あり。葉は広卵形、短鋭尖、波状縁、支脈先端は波状歯の凹部に終る。長さ5～15センチ、幅3～7.5センチ。側脈7～11双。幼時、両面と下面脈上に長軟毛があり、後に無毛、時に脈上に少しの毛を残す。5月に開花し、雌雄花とも頭状、殻斗は広卵形、長さ18～22ミリ、成熟して四分裂。

特性＝極陰樹で雌雄同株。

マンサク

●マンサク科

分布＝北海道（渡島西南部）、本州、四国、九州の産。

特徴＝落葉灌木、小喬木。高さ3〜5メートル、時に10メートル、径0.3メートル以下。幹は灰白色で白斑あり、光沢。幼枝灰褐色、初め有毛光沢で、2年目は無毛。葉は互生で短柄、やや厚質、菱状楕円形、鈍頭、左右葉片不等で長さ7〜18センチ、幅4〜14センチ。上半波状鈍鋸歯、下半全縁、上面深緑色で無毛光沢、下面淡色で葉脈6〜8双。花は2〜3月(北海道は3〜4月)、暗紫色で卵形、弁4片で長さ10〜20ミリ。果実は9月成熟、卵球形で茶褐色、底部は乳色。

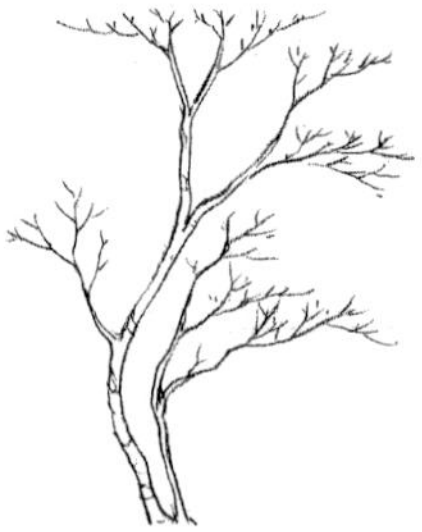

ミズキ

●ミズキ科

分布＝北海道、本州、四国、九州の山野、平地に生じ、朝鮮、中国、ヒマラヤ、タイにも分布。

特徴＝落葉喬木。高さ18〜20メートル、径0.7メートル。樹皮は汚灰色、老木になると浅い溝状を呈す。枝序は整形、枝は正しく放射状に派生する。冬芽は長卵形の暗褐色。葉は互生で頂生束生、広楕円形、急鋭尖、全縁、上面深緑色、幼時細毛がある。下面は稍粉白色で細毛あり、葉脈は6〜8双、長さ5〜14センチ、幅3〜9センチ。

特性＝生長は極めて速く陽樹。深根性で強剪定に耐える。萌芽力あり。深層肥沃土を好み湿地に耐える。

ミツバツツジ ——●シャクナゲ科

分布＝本州(東北以南)の低山帯。

特徴＝落葉灌木。高さ1～2メートル。幹枝は帯褐色で無毛。幼枝は茶褐色やや粘性あり、冬芽の鱗片は粘質。葉は通常3片枝頂に輪生、長柄(0.5～1.5センチ、無毛時に微毛)、膜質、広卵菱形、両面に腺点がある。上面には更に葉柄基部とともに長褐毛が少数混毛する。下面は淡緑色、全縁、無毛葉脈著明、長さ4～7センチ、幅3～5センチ。花は5月葉に先立ち1～3花頂生、花弁は5裂(上部3片、下部2片)、紅紫色。

特性＝中庸樹。

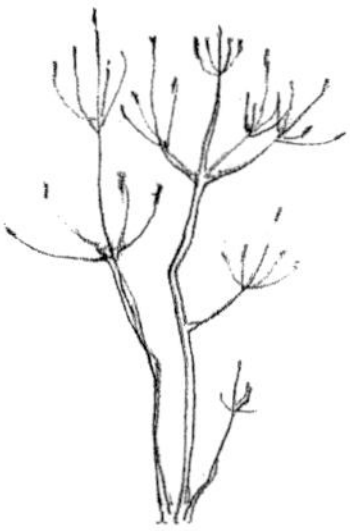

ムラサキシキブ ——●クマツヅラ科

分布＝北海道南部、本州、四国、九州、沖縄の低山帯に生じ、朝鮮、台湾にも分布。

特徴＝落葉灌木。高さ3～5メートル。樹皮は汚褐灰色、幼枝は暗紫色初めは微星毛あり後無毛。枝は極めて細い。葉は対生で短柄(0.2～1センチ)、洋紙質、長楕円形、卵状披針形、長さ5～13センチ、幅3～4.5センチ。鋭尖、鋭頭で細鋸歯がある。両面初め細毛あり後無毛、上面深緑色、帯黄色の腺点がある。花は6～8月、花冠筒形で小形、4裂し弁は外反す。淡紫色または紫色。核果は球形（径3～4ミリ）の紫色。

特性＝生長はやや速く中庸樹。

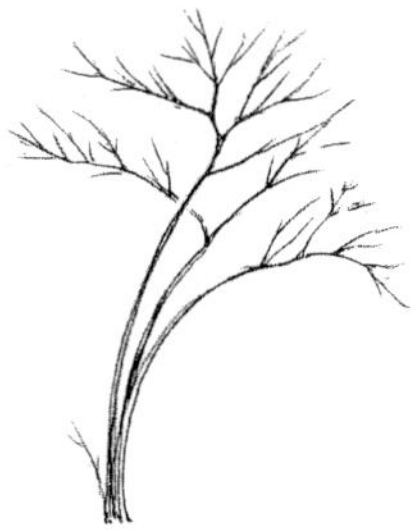

ヤマコウバシ

クスノキ科

分布＝本州（関東以西）、四国、九州、台湾、朝鮮、中国に分布。

特徴＝落葉灌木。高さ6メートル。雌雄異株。樹皮は灰茶色で浅く縦列し、小枝は淡灰褐色。冬芽は紡錘形で赤褐色、幼枝とともに光沢あり。鱗片多く軟毛を生ず。葉は互生でやや厚質、短柄、長楕円形、時に倒卵状長楕円形、鋭頭、上面は暗緑色、主脈上にのみ少毛あり。下面は幼時長毛があり後往々やや無毛。帯白色。長さ4〜6センチ、幅1.5〜2センチ。冬期は落葉せず枯葉は枝上に止める。花は黄色で4月に咲く。

特性＝日本には雄木はないという。

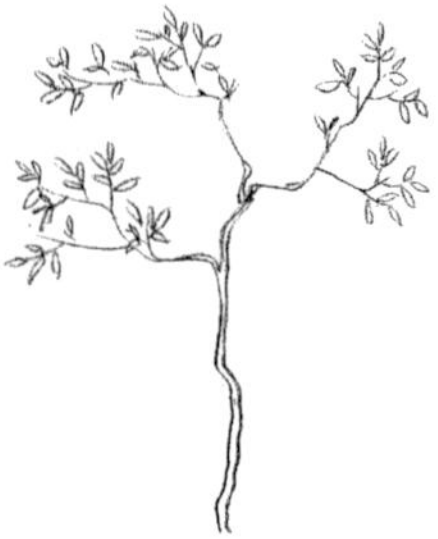

ヤマザクラ

バラ科

分布＝本州中南部、四国、九州、植栽分布は本州北部、北海道におよぶ。なお自然分布は北海道全域から九州までの説がある。

特徴＝落葉喬木。高さ15メートル、径0.3メートル。樹皮に赤味あり、幼枝に著しく伏毛がある。葉は楕円形、倒卵状楕円形、欠刻状重鋭鋸歯、長さ6〜9センチ、幅3〜6センチ、上面に細毛、下面脈上および葉柄に伏毛あり、後脈上は無毛のことあり、両面同色で光沢なく、腺は葉縁辺の下部にある。花は純白色で美しい。

特性＝生長は速く陽樹。浅根性だが移植は若木以外困難。大気汚染に弱い、剪定は不可。

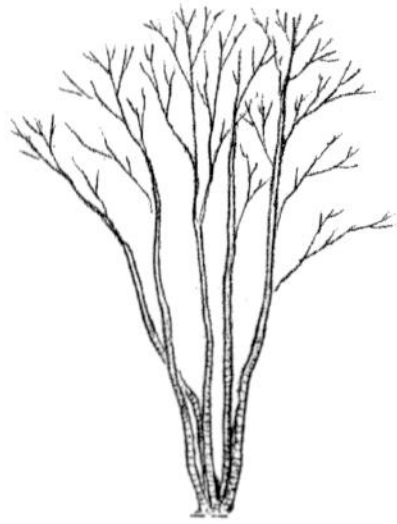

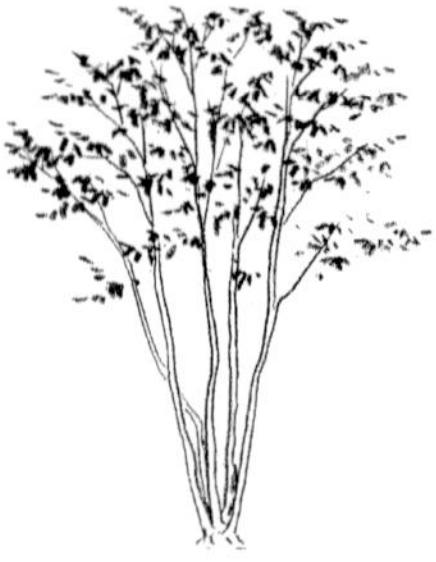

ヤマボウシ ——●ミズキ科

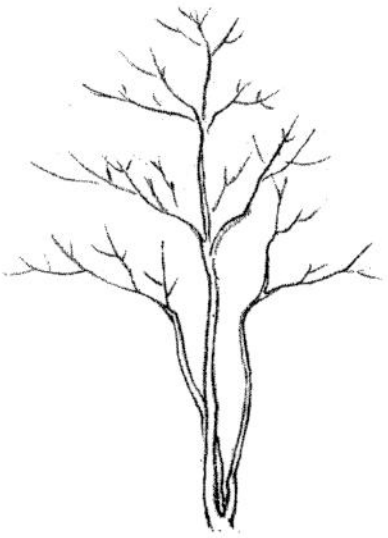

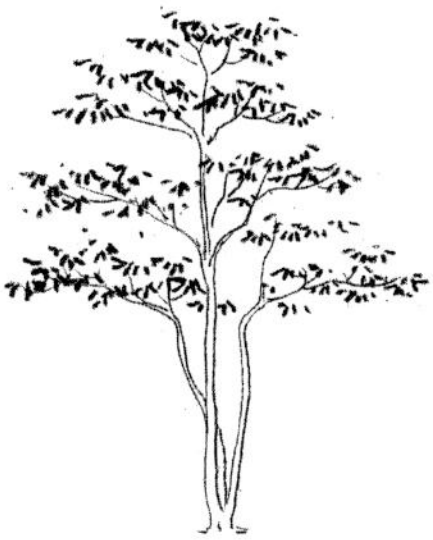

分布＝本州、四国、九州、沖縄、朝鮮、中国に分布。北海道は栽植。

特徴＝落葉喬木。高さ10～15メートル、径0.3～0.7メートル。樹皮は暗朱褐色、不斉に亀甲状または円形に剥離する。小枝は細く無毛またはやや無毛で暗褐色。冬芽は円錐形で紫褐色。葉は対生、短柄または長柄（0.5～4センチ）、広卵形、短尾状で長さ6～12センチ、幅3.5～7センチ、全縁、上面濃緑、下面青白色、両面に軟毛あり、下面脈腋（下方）に帯褐色の軟毛叢あり。葉脈は行脈状4～5双。花は5～6月、白で稀に紅との絞あり。

特性＝中庸から陽樹。土質を問わず湿地も可。

リョウブ ——●リョウブ科

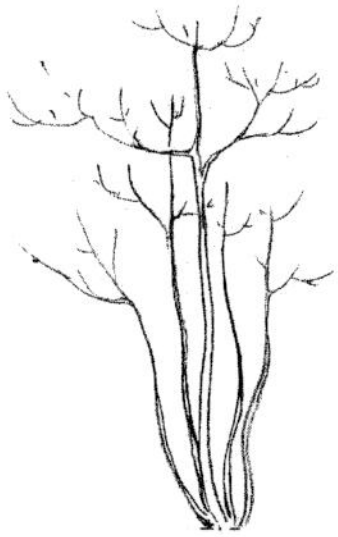

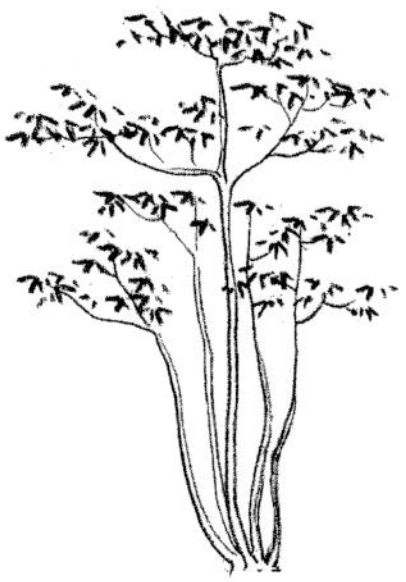

分布＝北海道、本州、四国、九州の産。中国、朝鮮にも分布。

特徴＝落葉小喬木。高さ6メートル、径0.25メートル。枝は輪状に出て樹形は直立円錐形。樹皮は茶褐色薄く平滑で剥離する。小枝は幼時無毛または微星毛もあり。葉は互生で頂生束生、有柄（1～2センチ）、長楕円形、広倒披針形、鋭頭、皮質または紙質、上面は無毛または微星毛、下面特に脈上に粗伏毛、脈腋に白色毛叢あり、葉脈は8～15双、下面に凸出す、長さ9～15センチ、幅3～9センチ。白色の花は7～9月。

特性＝中庸から陽樹。

『庭』別冊61号〈雑木の庭の系譜〉昭和63・5・1発行より

あとがき

今、自然を尊ぶ気運がさらに高まってきたようです。しかも環境破壊の観点から「木を植える」行為そのものが、善意の象徴のように持て囃され、社会全体に浸透してきたようです。

木を植えるから庭になるのか、それとも庭だから木を植えるのか。

これまで漠然と捉えてきた「植栽」にも新たな意味が問われる時代です。この問いに対し真正面から取り組みたい。それが本書のテーマとなりました。

その問いを、日々樹木と向き合い、関わりを持つ全国四十一人の作庭者の方々にお示ししてその回答を中核にまとめたのが本書です。

その結果、樹木の容姿云々ではなく、人と樹木の間に芽生える生命感、共有感こそが「植栽」の醍醐味と知らされました。

本書もこれまでのシリーズと同様、当所が企画編集してきました『庭』誌に掲載してきた記事を基に再構成したものです。また煩わしいアンケートにご協力して頂いたみなさまに心からお礼を申し上げます。

二〇〇五年八月八日

編者

ガーデン・テクニカル・シリーズ❻
木は気を植える 植 栽 作 法

平成17年10月15日　初版第1刷発行

企画・制作　有限会社 龍居庭園研究所
〒169-0051 東京都新宿区西早稲田1-6-3 福田ビル3F
電話03-3202-5233 Fax03-3202-5394

発 行 者　馬場瑛八郎

発 行 所　株式会社 建築資料研究社
〒171-0014 東京都豊島区池袋2-72-1日建学院2号館
電話03-3986-3239 Fax03-3987-3256

印 刷 所　大日本印刷株式会社

落丁・乱丁はお取り替えいたします。

©Tatsui Teien Kenkyujo, Ltd.　Printed in Japan

ISBN4-87460-865-5　C3061
定価はカバーに表示してあります。

『庭』臨時増刊号バックナンバー紹介

企画・編集 (有)龍居庭園研究所　発行・建築資料研究社　●A4判

小庭の心と技

やすらぎを求める小庭／石造品を楽しむ小庭／魅惑の石造品を近畿地方に探る／京の庭木手入れにまつわることば／重森三玲の庭園研究と創作／古稀を迎えた京都林泉協会／京に心とめた異色の巨匠／その他

●平成十四年十月一日刊 ●一六八頁　二、九四〇円

美しい庭・心いやす庭

暮らしを豊かにする心いやす庭／茶心を現代に活かす庭／露地と蹲踞のたたずまい：露地のありよう・蹲踞と小道具／庭に見る冬化粧 ワラボッチの制作／旧文再見：先人たちが語る庭園への想い／その他

●平成十三年十二月一日刊 ●一九二頁　三、五七〇円

現代庭園の造形美

現代庭園の潮流／庭園デザイナー4人による庭の世界：岡田憲久・糟谷 護・伊藤良將・溝口三三／現代的造形美の先駆者 後藤石水の造形美／石水三代が残した庭の数々／旧文再見：先人たちの声／その他

●平成十一年十二月一日刊 ●一九二頁　三、五七〇円

華麗と数寄の庭

岩城造園作品選／モノクロで見る 岩城造園半世紀／聞き書：私の庭づくり／岩城二代の作庭語録／座談会 岩城造園今昔物語／庭づくり雑感／昭和の綺麗さび／作品リスト抄／その他

●平成十一年二月十五日刊 ●一九二頁　三、五七〇円

日本の庭の魅力

現代に息づく庭の魅力／先人の生んだ庭の魅力：荒木芳邦作品・蛭田貫一作品・井上卓之作品／旧文再見：63年前の日米庭園親善記 アメリカガーデンクラブ日本での21日／作庭家のプロフィール／その他

●平成十年六月五日刊 ●一九二頁　三、五七〇円

茶の庭 すまいの庭

庭の美と豊かさ／茶の庭 すまいの庭40題／作庭家リスト／茶の庭(露地)の形と演出　茶の庭の成り立ちと演出の数々：茶の庭(露地)の構成要素／名庭に見るテクニック 現代に伝わる作庭技法から／その他

●平成十年三月三十日刊 ●一九二頁　三、五七〇円

日本の庭園美

現代の技を見る／先人たちの技再見：飯田十基作品・斉藤勝雄作品・岩城亘太郎作品・小形研三作品／庭づくりは人づくり／庭を学び人を学ぶ／日本の庭のエッセンス／日本の文化財の庭／日本の庭園美／その他

●平成八年十月十五日刊 ●一九二頁　三、二六二円

岩城亘太郎作庭90年

90年の決算 鳳琳カントリー倶楽部の庭／露地に見る岩城芸術／図面から庭をさぐる／私の庭づくり：現代の庭園・伝統と継承・人工地盤の庭／90年の作品をふり返る／岩城亘太郎聞き書／その他

●平成二年四月二十五日刊 ●一九二頁　三、二六二円